中級レベル

わかって使える日本語
指導のポイント

名古屋YWCA 教材作成グループ　著

スリーエーネットワーク

© 2004 by NAGOYA YWCA SCHOOL OF JAPANESE LANGUAGE

All rights reserved. No part of this publication may be reproduced, stored in a retrieval system, or transmitted in any form or by any means, electronic, mechanical, photocopying, recording, or otherwise, without the prior written permission of the Publisher.

Published by 3A Corporation.
Shoei Bldg., 6-3, Sarugaku-cho 2-chome, Chiyoda-ku, Tokyo 101-0064, Japan

ISBN4-88319-303-9 C0081

First published 2004
Printed in Japan

本書を使う方へ

　本書は、『わかって使える日本語』の作成意図をより明確にし、使用上の留意点を具体的に示すことを目的としています。

　『わかって使える日本語』では、学習者が「文法項目の基本的意味とその機能を理解して運用できる」ようになることを目指しました。確実に運用力を養うための1つの道具として文法を理解することが重要です。1つの形式（文法項目）が担う意味と機能、およびその運用場面は、項目によってはかなり広範囲に及びますが、中級レベルの学習者の理解と運用を確実にするため、
　・基本的で中心的な意味・機能を抽出し
　・それが使われる典型的な運用場面を取り上げて
提示しました。これらを習得しておくことは、学習者が上級レベルで微妙な使い分け（即ち拡張した部分）を学ぶ際にも大きな力を発揮します。

　本書では、先ずどのような観点から、各項目の基本的意味・機能と典型的運用場面を抽出したか、について説明しています。本冊で割愛した部分について触れている課もありますが、それは、この段階を、上級レベルまで含めた全体の中で位置づけているからです。そして、その課の目的、提示の仕方、授業での進め方の注意などについて具体的に記述しています。言語使用の傾向を教材に反映させるために母語話者の言語使用の実態を調査し、その結果も載せました。（調査範囲は「本書の構成」をご覧ください。）

　このような方法が、多くの成人学習者の項目理解と適切な産出を促し、より高度な日本語を習得することにつながれば幸いです。

　本書の記述内容について、益岡隆志先生には文法研究のお立場から貴重なご助言をいただきました。編集担当の藤井晶子さんには原稿を丁寧に見ていただきました。ここにお礼申しあげます。

2004年7月15日

安藤節子
宮川光恵

本書の構成

この課のポイント
　　当該項目の分析の概要と、その課で学習する用法を示し、用法別に基本的な意味と機能について解説をしている。

留　　意　　点
　　各課の構成に従って、その目的、指導の目安、注意点を具体的に示している。

調　査　結　果
　　各項目の調査範囲は厳密に同じではないが、次の分量を平均的目安とした。
　　　音声言語：ニュース、ニュースショー、対談、ドラマ、バラエティー、アニメ、
　　　　　　　　コマーシャルなど、計1,200分。
　　　活字言語：新聞4〜5日分、雑誌・小説・エッセイ5冊、その他パンフレット、
　　　　　　　　カタログなど。

参　考　文　献
　　各項目の分析にあたって参考とした文献の中から主なものを載せた。

目次

本書を使う方へ
本書の構成
第 1 課　〜て・なくて・ないで／ずに ……………………………………………… 7
第 2 課　名詞修飾 ………………………………………………………………………10
第 3 課　「は」と「格助詞」 ……………………………………………………………13
第 4 課　ようになる ……………………………………………………………………17
第 5 課　〜んです ………………………………………………………………………19
第 6 課　〜てもらう・てくれる・てあげる …………………………………………22
第 7 課　自動詞・他動詞 ………………………………………………………………25
第 8 課　〜ている ………………………………………………………………………28
第 9 課　とき ……………………………………………………………………………30
第10課　〜てくる・ていく ……………………………………………………………33
第11課　こ・そ・あ ……………………………………………………………………35
第12課　普通形＋のは …………………………………………………………………38
第13課　たら ……………………………………………………………………………40
第14課　と ………………………………………………………………………………43
第15課　ば ………………………………………………………………………………45
第16課　なら ……………………………………………………………………………47
第17課　ので・のに ……………………………………………………………………49
第18課　〜(さ)せる（使役） …………………………………………………………51
第19課　ように・ために ………………………………………………………………55
第20課　ようだ・みたいだ ……………………………………………………………57
第21課　〜(ら)れる（受身） …………………………………………………………59
第22課　〜ても …………………………………………………………………………62
第23課　ことになる・ことにする ……………………………………………………64
第24課　うちに …………………………………………………………………………66
第25課　ように言う ……………………………………………………………………68
第26課　敬語 ……………………………………………………………………………70
第27課　わけだ …………………………………………………………………………74

第1課　～て・なくて・ないで／ずに

→「わかって使える日本語」p. 13

●この課のポイント

　「て形」は文をつなぐ機能を持ち、「て」の部分に決まった意味はなくテンスも持たない。その否定形である「なくて」と「ないで／ずに」の使い分けをこの課で示す。「なくて」は動詞、形容詞、(名詞＋)判定詞*に、「ないで」は動詞だけに使われる。
　肯定の「て形」の用法を大きく2つに分けて取り出し、それぞれの否定形として「なくて」「ないで／ずに」を提示する。

　この課では「～て・なくて・ないで／ずに」を次のように分けている。
～て・なくて：
　「S_1 て・なくて　S_2」の形で、「S_1の結果、S_2になる」ことを表す。具体的には次のような用法・場面を扱う。
　　「S_1の結果、S_2の事態になる」場合。
　　　例1　あまり時間がなくて、ゆっくり話せませんでした。
　　「S_1の結果、S_2の気持ちになる」場合。
　　　例2　風邪が治らなくて、困っています。
　　「S_1の理由で、S_2の結果になる」場合。
　　　例3　家を出るとき友だちが来て、すぐに出られなかったんです。
～て・ないで／ずに：
　「S_1 て・ないで／ずに　S_2」の形で、S_1はS_2の手段、方法、付帯状況などを表す。ここではV_1、V_2の主語が同じ場合を扱う。「Aが来ないでBが来た」のような並列的な文は扱わない。
N_1 じゃ／では　なくてN_2：
　N_2のことがらを提示、伝達するための用法。パターンとして示す。

---

*　判定詞：名詞と結合して文を作る。「です」「だ」「である」

●留意点

ウォームアップ　「なくて」と「ないで／ずに」の機能と用法の違いに着目させることによって学習のポイントを示し、動機づけとする。

～て・なくて　　　　　　　　　　　　　　　　　　　　　　→p.13

I. 導入
文法説明

S_2には、「～てください」「～たいです」「～ましょう」「～てもいいです」「～たほうがいいです」「～つもりです」などの意志表示の文が来ないことに注意する。

理由を表す「なくて」は「ないで」に置き換えられるものがある。

　　　例　風邪が　治らなくて／治らないで　困っています。

が、全てが置き換えられるわけではないので、学習者の産出は「なくて」とする。

p.15の下

S_1で理由を示しS_2で意志表現を使うときは、「～て・なくて」ではなく「ので」「から」を使って文が産出できることを示した。

～て・ないで／ずに　　　　　　　　　　　　　　　　　　→p.16

I. 導入
2.「～て・なくて」とは違い、ここでは「～てください」が使える。

文法説明

話し言葉では、「ないで」「ずに」の両方が使われるので、両者を交替可能な同列の表現として扱う。書き言葉では「ずに」が使われる傾向がある。

また、書き言葉においては「連用中止」がよく使用されるが、ここでは提示していない。「ずに」と「ず」の違いには触れない。

II. 形の練習
2. 7)、8) は付帯の状況が他のものと異なる。「忘れない＝渡す」「出かけない＝家でDVDを見る」は同一動作の「言い換え」の用法。学習者に状況を理解させながら進める必要がある。

III. 使い方の練習
1. 否定形にする部分に注意する。接続表現の「て形」を否定にするので「食べて帰りません」ではなく「食べないで帰ります」になる。ただし、「V-てくる・V-ていく」の場合は否定が「食べてこない」「食べていかない」のようになる（第10課）ので、こ

こでは教師が口頭ドリルを追加する場合にも「V-てくる」「V-ていく」を入れないように注意する。
3. 方法、付帯状況の継起的意味合いのある場合で、「いため<u>て</u>からチーズをかけ<u>て</u>、食べます」も提出。いろいろな食材の料理法や食べ方を紹介し合うことで学習者の発話を促し、クラスが活性化する。「何もつけないで食べたほうがおいしい」など、「ないで」も出やすくなる。

N_1 じゃ／では なくて、N_2　　　　　　　　　　　　　　→p.20

I. 導入
N_1、N_2 が「N＋格助詞」の形になる例。
II. 使い方の練習
「N_1 じゃ／では なくて、N_2 です」という名詞文。
III. 読んでみましょう
「N_1 じゃ／では なくて、N_2」は名詞文だけでなく、動詞文、形容詞文の中でも使える。

〈調査結果〉
・「ずに」は付帯状況を表す用法が中心だが、「ず」は付帯、原因、並列などの用法で満遍なく使われている。

〈参考文献〉
南不二男（1993）『現代日本語文法の輪郭』大修館書店
北川千里（1976）「『なくて』と『ないで』」『日本語教育』29号 日本語教育学会
久野暲（1983）『新日本文法研究』大修館書店
益岡隆志（1997）『複文』くろしお出版
日高水穂（1995）「ナイデとナクテとズニ―テ形の用法を持つ動詞の否定形式―」『日本語類義表現の文法（下）』くろしお出版

第2課　名詞修飾

→「わかって使える日本語」p.21

●この課のポイント

　名詞修飾を、いわゆる「内の関係」「外の関係」に分けず、両者に共通の「主文の中のある名詞を、直前にある修飾節によって詳しく説明する」という面を提示する。
〈内の関係〉被修飾名詞が修飾節に対して一定の格関係を伴う名詞修飾を指す。
　　　　　例　きのう買った服 ← きのう服を買った
〈外の関係〉被修飾名詞が修飾節に対して格関係を持たず被修飾名詞の内容や基準点などを表している名詞修飾を指す。
　　　　　例1　パンを焼くにおい
　　　　　例2　あの角を曲がったところ
「きのう服を買った。→ きのう買った服」のような変換練習によって、「内の関係」だけを先に学習した場合、後に学ぶ「外の関係」に違和感を持ち、学習者が習得に困難を感じることが多い。「内の関係」に限定した学習が結果として「外の関係」の学習の障害になるからである。

　この課では以下のようなことに重点をおいて練習をする。
・修飾節内の完了を表す「た」。
　　　例　信号を渡ったところにポストがあります。
・という＋名詞（発話、思考の内容を表す引用節）。
　　　例　AB貿易会社から、けさ商品を送ったというファクスが入りました。

●留意点

（ウォームアップ）　このレベルのほとんどの学習者にとって名詞修飾は既習であるが、運用がスムーズとは言えない次の2点を取り上げて、気づきおよび動機づけとした。
　　　・修飾節内では「は」を使わない。
　　　・修飾節内の完了アスペクト。

I. 導入
文法説明
　「名詞を直前の修飾節により説明する」という機能を図示。

名詞修飾節の中では原則として「は」を使わない。次の例のような対比の「は」はその限りではないが、ここでは扱わない。

　　　例　最近、携帯電話<u>は</u>持っているが家に<u>は</u>電話がない人が増えている。

修飾節内の助詞「が」と「の」は交替できる。

　　　例　髪　が／の　長い人

ただし、「が」を伴う名詞（句）と被修飾語が離れると逸脱文になりやすい。

　　　例　兄<u>の</u>きのう本屋で買った辞書（×）

　　　　（→兄がきのう本屋で買った辞書（○））

II. 形の練習

1. キューが非過去で示してあるので、文の意味を捉えて名詞節を作る。

    6) は、いわゆる同格の「の」。

　　　例　こちらは、先輩<u>の</u>（＝である）田中さんです。

    7)、9) は節内の動詞が「た形」になる。

2. という＋名詞。被修飾名詞の前に「という」が必ず入る名詞だけに限定。「日本語を教える（という）仕事はなかなかおもしろい」のように両方の可能性があるものについては、この段階では積極的に提示することはしない。

    「内容（S－普通形）というN」の形では、「名詞を修飾する部分」に「な形容詞」「名詞」が来る場合も普通形「～だ」を用いるので注意する。次のような逸脱文に注意。

　　　例1　みんな元気<u>な</u>という知らせ（×）

　　　例2　3時から会議<u>の</u>という連絡（×）

    「内容」に「引用部分を普通形にしたもの（引用節）」が来ることを示すため、キューに「　」をつけた。引用の形をとらない「地震というニュース（×）」（→地震があったというニュース（○））のような逸脱に注意。

    3) は、「V－ましょう」の普通形が意向形になる。

　　　例　「金曜日に会おうというメール」

III. 使い方の練習

2. 主文の構造を捉え、主文中の名詞に修飾節をつけて複文を作る運用練習。長い文の構造がつかめるようになれば、読解力の養成につながる。IVの「読んでみましょう」の修飾節さがしのウォームアップにもなる。

〈調査結果〉

・いわゆる「内の関係」と「外の関係」の割合は、話し言葉では3：1、書き言葉では約3：2である。

・話し言葉における「外の関係」の被修飾名詞には、時間、約束、暇、予定といった基礎語彙が多い。

〈参考文献〉

松本善子（1993）「日本語名詞句構造の語用論的考察」『日本語学』136　明治書院

益岡隆志（1994）「名詞修飾節の接続形式―内容節を中心に―」『日本語の名詞修飾表現』くろしお出版

国立国語研究所編（1981）『日本語教育指導参考書5 日本語の文法（下）』財務省印刷局

寺村秀夫他編（1987）『ケーススタディ日本文法』おうふう

寺村秀夫（1993）『寺村秀夫論文集Ⅰ』くろしお出版

第3課 「は」と「格助詞」

→「わかって使える日本語」p. 26

●この課のポイント

　「は」も「格助詞」も初級で既出であるが、多くの場合、文型として示された文の構造の中にはめ込まれており、「は」と「格助詞」の違いについては触れていない。この段階では、上級に向けて、「は」と「格助詞」が日本語の構文でどのような機能を担っているかを確認し、その使い分けを提示する。

　この課では次のように分けている。
「格助詞」：
　格助詞の働きを示す。
助詞「は」：
　「（名詞）は～」が文中で果たす2つの働きを示す。
　　① 「は」は同類のものの中から1つを取り出す。
　　　例1 「家族（父、母、弟…）」から「父」を取り出す →「父は～」
　　② 取り出したもの（ここでは「父」）について、＿＿で話し手が述べる。（説明する）
　　　例2 「父は、仕事を休んで、空港まで迎えに来てくれました」
「は」と「格助詞」の使い方：
　それぞれの働きにしたがって、いつどちらを使うか指導する。名詞文、形容詞文は、「は」をとりやすい傾向がある。名詞文、形容詞文は、属性や性質や評価などを表すことが多く、それ自体が「説明*」（判断）の機能を担うことになるからである。必要に応じて学習者に示すとよい。
「は」と「格助詞」―使い方のヒント―：
　学習者が2種の助詞を判別できる典型的な使い方として次の3つの用法を練習する。
　・「疑問の言葉の前か後か」によっていずれの助詞を使うかが決まる。
　・「名詞修飾節の中」では「は」は現れない。
　・「『～は～が…』の文型」としてよく使用される文。

---

* この場合「説明」は解説、コメントの意味。

第3課 「は」と「格助詞」

●留意点

ウォームアップ 名詞と述語を結んで意味関係を表す「格助詞」と、「は」は、働きが違うことを確認して、この課で学ぶべき方向を示す。

「格助詞」　　　　　　　　　　　　　　　　　　→p.26

I. 導入
文法説明

名詞と述語を結ぶ「格助詞の働き」を理解し、どんな格助詞があるかも確認する。
必要があれば動詞文で格助詞の使い方を復習しておく。
述語の説明として、脚注で動詞文、形容詞文、名詞文を提示してある。この段階で日本語の文構造を把握しておくことは、先々の学習の大きな手がかりとなる。

助詞「は」　　　　　　　　　　　　　　　　　　→p.28

I. 導入
文法説明

「は」の働きを図で表した。
「は」は取り出した名詞（句）を主題として、それについて話し手が述べるときに使う。
「取り出したもの（こと）」は、前に一度言ったことや、それに関係のあること、目の前にある物などで、Iでその典型例を示した。
　1. 前に言った「家族」から「父」を、
　2. 目の前にある物（人）から「こちら」を、
　3. 前に言ったこと（記事の第一文）から「30日」を、
それぞれ取り出して、話し手がそれについて述べる。

II. 形の練習
文の中から1つを取り出して、「～は、」で始まる文を作る。

III. 使い方の練習
1)～4) は、発話の第一文で言ったことやそれに関係あることから1つ取り出した場合。
5) の「これは…」は目の前にある物を取り出して言う場合。

「は」と「格助詞」の使い方　　　　　　　　　　　　　　　　→p.31

I. 導入
文法説明

「『は』のない文」を使う場面を具体的に示した。(ニュース・お知らせの初めの文、何かを見つけたときの発話、目の前の状況をそのまま述べる文)

上のような文から1つのもの(こと)を取り出して説明するとき、「『は』のある文」を使う。取り出したもの(こと)は「話し手と聞き手の間でわかるもの(こと)」である。

「『は』のある文」は、目の前にある物について話し手が説明する。
　　　　例　(雨を見て)雨<u>は</u>いやですね。

「『は』のない文」は、目の前の状況や様子をそのまま言う。
　　　　例　あ、雨<u>が</u>降っていますよ。

「目の前にある物について話し手が説明するとき」と「目の前の状況をそのまま言う(伝える)とき」を混同しないように注意する。

[使い方の例]
1. お知らせの初めの文は「格助詞」、初めの文から1つ取り出すときは「は」。
2. 何かを見つけたときは「格助詞」。
3. 目の前の状況をそのまま言うときは「格助詞」、それについて説明するときは「は」。
4. 目の前にある物を示すときは、「は」。

II. 使い方の練習
「は」と「格助詞」を文脈の中で使い分ける練習。

「は」と「格助詞」―使い方のヒント―　　　　　　　　　　　　→p.33

◆ヒント1―疑問の言葉の前か後か◆

「疑問語」の後ろは「格助詞」が来る。その答えの後ろにも「格助詞」が来る。
「疑問語」の前は「は」が多い。このレベルでは、意識していないが使い方はほぼ定着しているので、ルールを確認する程度でよい。

II. 使い方の練習
3)の第1文は、話のきっかけを作るとき情報をまとまりで出す「格助詞」。1文だけの場合「は」も使われるが、ここでは場面から考えさせることが必要。

◆ヒント2―名詞修飾節の中◆

名詞修飾節の中は「格助詞」。通常、「は」は入らない。

「紅茶は飲むがコーヒーは飲まない人」のような対比を表す「は」は扱わない。

II. 使い方の練習　III. 発展練習

ここでは、名詞修飾節のほか、名詞節（〜の、〜こと）、従属節（と、なら、たら、ば…など）の中でも、「は」と「格助詞」を使い分ける。

◆ヒント３―「〜は〜が…」の文◆

いわゆる「〜は〜が…」構文。初級の「〜は〜が…」の文で扱う語彙にとどまらず、より広範囲の語彙を用いて産出することを目指す。自分の国を紹介する作文などに見られる「中国の人口は多いです」は、「中国は人口が多いです」のほうが自然な表現になる。

むやみに使うと逸脱文を誘発するので、「能力、感情、性質」を述べる文に限定し述語に形容詞、可能動詞が多いことを文作りの手がかりとして示した。「〜が」に名詞節を用いて長めの文を作らせるのもよい。

「N_1はN_2がN_3です」という名詞文もあるが、ここでは扱わない。

　　　　例１　あの事件は犯人が教師だ。
　　　　例２　山火事はたばこの投げ捨てが原因らしい。

〈参考文献〉

柴谷方良（1990）「主題と主語」『講座 日本語と日本語教育』第12巻　明治書院

寺村秀夫（1991）『日本語のシンタクスと意味III』くろしお出版

角田太作（1991）『世界の言語と日本語』くろしお出版

野田尚史（1985）『日本語文法セルフマスターシリーズ１　はとが』くろしお出版

庵功雄他（2000）『初級を教える人のための日本語文法ハンドブック』スリーエーネットワーク

第4課　ようになる

→「わかって使える日本語」p. 37

●この課のポイント

　この課では、能力や状況の変化を表す言い方を提示する。動詞を使った「V-辞書形＋ようになる」「V-なくなる」を中心とするが、「い-Adjくなる」「な-Adjになる」「Nになる」も併せて復習する。
　「ようになる」が「〜ない」に接続する場合、「〜ないようになる」と「〜なくなる」があるが、前者には制約がある。
　　　　例　急にテレビが見えないようになった。（×）
よってここでは「形容詞」と「名詞」にも使える「〜なくなる」の形を扱う。

●留意点

I. 導入

文法説明

　「状態の変化」を表すとき、それが「能力の変化」か、「状況の変化」かによって、共起する動詞が違ってくるので注意する。
　　　　例1　前よりニュースが聞けるようになった。（能力の変化）
　　　　例2　最近よくニュースを聞くようになった。（状況の変化）
上の例のように、「能力の変化」を表す場合は可能動詞が来ることが多い。が、常にというわけではない。
　また、「ようになる」の文では、それ自身の中に変化の意味を含む動詞は現れない。
　　　　例3　日本の生活に慣れるようになりました。（×）
変化の意味を含む動詞は「慣れました（単にある時期とある時期の間に起きた変化）」「慣れてきました（「だんだん」という意味を含み変化の過程も表す）」のように使う。後者は10課「〜てくる・ていく2」で提出する。

II. 形の練習
1. 日本語能力や生活状況の変化は学習者にとって最も身近な話題なので、自由に文を作らせるとよい。

III. 使い方の練習
2. グラフを説明するときの文を作る練習。学習者の身の回りの変化、社会の変化についての文作りをすると、話題が発展する。

IV. 読んでみましょう

「ようになる」を手がかりに内容を読み取る読解練習。

〈参考文献〉

益岡隆志・田窪行則（1992）『基礎日本語文法―改訂版―』くろしお出版

森田良行他（1989）『NAFL選書5 日本語表現文型』アルク

沢田奈保子（1992）「機能動詞『ナル』の発揮する受動表現的特性について」『世界の日本語教育』第2号 国際交流基金 日本語国際センター

第5課　〜んです

→「わかって使える日本語」p. 41

●この課のポイント

「〜んです」は、このレベルの学習者にとって既習であるが、適切な運用は容易ではない。「〜んです」を使うべきときに使えない場合と、不自然に使いすぎてしまう場合とがある。ここでは、典型的な「運用場面」と「運用しない場面」を示して、わかりやすい範囲に絞って提出し、学習者が確実に身につけることを目指す。

この課では次のように分けている。

復習：
初級でよく出てくる「〜んです」の基本的な意味と用法を確認する。

〜んです：
「〜んです」が文末にくる場合の典型的な用法と、「〜んです」を運用しない場面を扱う。

〜んじゃないでしょうか：
文末が「〜んじゃないでしょうか」およびその変形で、柔らかく意見や推量を述べる表現。

●留意点

〜んです　　　　　　　　　　　　　　　　　　　　　→p.41

I. 導入

文法説明

「〜んです」の文で伝えたい内容は「んです」の前の「〜」の部分である。

「〜んです」は「〜」の部分の情報を、話者が頭の中で一度まとめてから、相手に伝える表現である。

「〜んです」を使用する場合は、何らかの状況（前提）がある。状況は、言語化されて文脈に現れる場合と、言語化されない場合がある。例えば、次のAの発話場面には、Bが具合が悪そうにしているという非言語の状況がある。

　　例　A：どうしたんですか。
　　　　　B：頭が痛いんです。

第5課　〜んです

「〜んです」を使用するのは、ある状況の空白部分を埋めて1つのまとまりとして理解したい、納得したい（または、相手を納得させたい）ときである。
「〜んです」が使えないのは、そうした状況がない場合で、ここでは具体的に3つの場面を提示している。
　① 事実を報告するとき。
　② 目の前のできごとを言うとき。
　③ 何かを感じたときや何かをしようと思って、すぐそれを言うとき。
親しい人との会話では「〜んです」の代わりに「の」を使用して「どうした<u>の</u>？」になる。男言葉では「どうしたんだ？」の形も使われる。同じく「疲れた<u>の</u>」は「疲れたんだ」と言う。

II. 使い方の練習
1. 「〜んです」が使えない場合は以下の通りである。
　2)、4) は事実を報告する場合。
　3) は話し手が気づいた時点での発話。
2. 「〜んです」を使用する場合は以下の通りである。
　2)、3)、5)、6) は状況を理解させたい場合。
　6) の加藤の発話は「〜んですか」の形で驚きを表す。

p.44の下
「〜んです」は、会話だけでなく文章でも「〜のです」の形で使われる。最後の1文に「〜のです」を使った意図を読み取る読解文。文章の内容をまとめて読み手の理解を促したり説明を与えて内容に論理づけをする「〜のです」の用法を理解することは、読解のヒントになる。

〜んじゃないでしょうか　　→p.45

I. 導入
　意見を柔らかく述べる例。
II. 形の練習
　文末表現は「〜んじゃないでしょうか」と例示してあるが、「〜んじゃないかと思います」「〜んじゃありませんか」も口頭練習に加えるとよい。
III. 使い方の練習
1. 意見を述べる場合。
2. 推量を述べる場合。

〈参考文献〉

Anthony Alfonso（1980）"Japanese Language Patterns vol.1" Sophia Univ.
佐治圭三（1991）『日本語の文法の研究』ひつじ書房
庵功雄他（2000）『初級を教える人のための日本語文法ハンドブック』スリーエーネットワーク
庵功雄他（2001）『中上級を教える人のための日本語文法ハンドブック』スリーエーネットワーク
田野村忠温（1990）『現代日本語の文法Ⅰ―「のだ」の意味と用法』和泉書院

第6課　～てもらう・てあげる

→「わかって使える日本語」p. 47

●この課のポイント

この課では次のように分けている。
～てもらう・くれる：
　恩恵を受ける人から見た表現を取り上げる。「～てもらう」「～てくれる」の違いは、「～てもらう」が話し手の意志表現を伴うことができる点である。
　　　例　「手伝ってもらいたい」「やってもらおう」
　恩恵の受け手を話者（とその仲間）に限定し、それ以外の第三者どうしのやりとりはここでは扱わない。
～てあげる：
　恩恵の与え手から見た表現（主語が恩恵の与え手）を取り上げる。
　恩恵の与え手を話者に限定し、第三者どうしのやりとりはここでは扱わない。
「とんでもないことをし<u>てくれる</u>」「困らせ<u>てやる</u>」などの用法は提出しない。

●留意点

復習　「もらう」「くれる」「あげる」の物の授受に関する基本的な意味と用法を確認する。「いただく」「くださる」「さしあげる」「やる」も含めて復習しておく。「人がわたしに～くれる」という文型の「わたしに」は、実際には言わないことが多い。

～てもらう・てくれる　　　　　　　　　　　　　　→p.47

I．導入

文法説明

　「人が～てくれる」の文型は、恩恵の受け手を表す「わたし<u>に</u>」を含まないことに注意する。「～てくれる」の文型で受益者を示すとき、「に」以外の格助詞も使うからである。
　　　例1　ルンさんが（わたし<u>を</u>）誘ってくれた。
　　　例2　兄が（わたし<u>の</u>）写真を撮ってくれた。
　ただし、「わたし」は言語化しないことが多い。

Ⅱ. 形の練習

短文レベルの練習。恩恵を受ける人（ここでは「わたし」）は言わなくてもわかるので、言語化しない。

2)、3) は、主語が示されていないが、文末の意志表現から推測できる。

4)、5) は、恩恵を受けるのがわたし以外の仲間。「弟に」「妹を」を言語化することに注意する。

Ⅲ. 使い方の練習

1. 「〜てもらう」と「〜てくれる」の使い分けができるように練習する。恩恵の「受け手」と「与え手」のどちらが主語となるかは文脈によって決まり、それによって「〜てもらう」と「〜てくれる」のいずれを使うかが決まってくる。ただし、2) のように場合によって主語が恩恵の受け手でも与え手でもいいこともある。

   4) は、恩恵が受けられない不満な気持ちを「〜てくれない」で表す例である。学習者にとってわかりやすい場面なので、自由に文を作らせるとよい。

2. 恩恵の受け手の視点から表現する練習。

Ⅴ. 読んでみましょう

文章を読み、「〜てもらう・てくれる」を使って内容をまとめる練習。

〜てあげる　　　　　　　　　　　　　　→p.52

Ⅰ. 導入

文法説明

「(わたしが) 〜V-てあげる」の文型は、恩恵の受け手を表す「人に」を含まないことに注意する。受益者を示すとき、「に」以外の格助詞も使うからである。

　　例1　（わたしが）ファンさんに誘ってあげた。（×）
　　例2　（わたしが）ファンさんを誘ってあげた。（○）

恩恵を受ける人に対して直接言う場面は限られる。直接言うと押しつけがましく聞こえることがあるので、特に相手が目上の場合は注意が必要である。

　　例1　荷物、持ってあげましょうか。（×）
　　例2　荷物、持ってさしあげましょうか。（×）

Ⅲ. 読んでみましょう

「〜てもらう・てくれる」と「〜てあげる」の使い分けを確認する。

p.53の下

「〜てあげる」が直接使えるのは親しい人との日常場面。

〈参考文献〉

益岡隆志・田窪行則（1992）『基礎日本語文法―改訂版―』くろしお出版

石原嘉人（1991）「表現内容を重視した文型の提出順序―『～てもらう』表現をめぐって」『日本語教育』74号 日本語教育学会

佐治圭三（1991）『日本語の文法の研究』ひつじ書房

柴谷方良（1978）『日本語の分析』大修館書店

大塚純子他（1989）『日本語運用力養成問題集―初中級用―2』凡人社

第7課　自動詞・他動詞

→「わかって使える日本語」p. 54

●この課のポイント

　自動詞・他動詞の基本的な意味機能の違いを把握して文脈の中で運用できるように、手がかりを与える。

　この課では、自動詞・他動詞の典型として、形が対（ペア）になるもの（有対自動詞、有対他動詞とも呼ばれる）を中心に提示する。
　有対自動詞・有対他動詞の基本的な意味機能（概念）の違いは次の点である。
　　自動詞：「状態が変化する物」に注目。
　　　例　テレビがつく。
　　他動詞：「状態が変化する物」と「状態の変化を引き起こす人」の両方に注目。
　　　例　リーさんがテレビをつける。
助詞は「～が＋自動詞」「（～が）～を＋他動詞」となる。
自動詞には、「動き」を表す無対自動詞（行く、歩く、遊ぶ、他）や「状態」を表す無対自動詞（ある、いる、わかる、他）もあるが、この課では「状態変化」の有対自動詞を中心に扱う。他動詞も、「状態変化を起こす」有対他動詞を中心に扱っている。

●留意点

ウォームアップ　「状態が変化する物（電気）」に注目するとき自動詞を使うほうが自然であることを示して、この課の動機づけとする。

I. 導入
　有対自動詞・他動詞の基本的意味機能を把握するのが目的。

文法説明
　自動詞と他動詞には、対になるものと対にならないものがある。
　全ての動詞が対になるものを持つわけではないことにも注意する。

II. 形の練習
　このレベルで習得しているであろう動詞の中から、対になる自動詞・他動詞を意味機能でまとめる。
　形は対にならなくても意味的には対になっている自動詞・他動詞があることも、名詞を伴った形で確認していく。

例1 ・（ごはんが）できる。
　　　・（ごはんを）作る。
例2 ・（待ち合わせが）3時になる。（＝決まる）
　　　・（待ち合わせを）3時にする。（＝決める）

2)、4)のように全ての動詞が対になるわけではなく、形も意味も対にならない自動詞・他動詞が数多くある。

　　例　他動詞のみ（話す、聞く、押す、その他多数）
　　　　自動詞のみ（ある、いる、行く、来る、他）

15)、16)は、結びつく名詞によって対になったりならなかったりする例。同類のものに「電池が切れる」などがある。

Ⅲ. 使い方の練習

自動詞、他動詞を実際の場面でどのように使い分けているか、を理解し運用に結びつけることが目的。自動詞表現は、日常場面で頻繁に使われるので重点的に練習するとよい。

1. 1)、2) 状況に気づいたときの発話で、まず「変化する物」に注目するので普通自動詞が選ばれる。（自動詞-ている）

    3) 状況を尋ねる場合も「相手が何をしたか」を前面に出す聞き方より「相手の状況がどう変化したか」という聞き方のほうが婉曲で自然な表現となる。次のような場面で「Vできない（可能V-ない）」と言いたいときも、自動詞のある場合は可能動詞より物に注目を置く「自動詞-ない」のほうが使われる。

　　　例　「エアコンのスイッチ、入れて」
　　　　　「あれっ、入れられない…」（×）　（→「あれっ、入らない…」（○））

Ⅳ. 発展練習

1) a. 話者が事態に関与している形式をとることによって、話者の責任感（謝罪の気持ち）が表れる。
   b. 話者が事態に関与していない形式をとることによって、責任を回避するニュアンスが生じる。

1) a. 話者が事態に関与している形式をとることによって、相手に負担感を与える。
   b. 話者が事態に関与していない形式をとることによって、相手に負担感を与えない。

〈参考文献〉

寺村秀夫（1982）『日本語のシンタクスと意味Ⅰ』くろしお出版

森田良行（1985）『誤用文の分析と研究』明治書院

角田太作（1991）『世界の言語と日本語』くろしお出版

影山太郎（1996）『動詞意味論』くろしお出版

大塚純子他（1988）『日本語運用力養成問題集―初中級用―1』凡人社

第8課　～ている

→「わかって使える日本語」p. 59

●この課のポイント

　「～ている」は人や物の状態を表すのに使われる。「人の状態」を表す場合は、「歩いている」「書いている」のように自動詞・他動詞ともに「ている」と共起する。が、「物の状態」を表す場合は、「ついている」「つけてある」のように、「自動詞＋ている」「他動詞＋てある」が使用される。自動詞か他動詞かを即座に判断し「～ている」か「～てある」と結びつけて表現を選択することは、このレベルの学習者にとって容易ではない。学習者が習得しやすいように、ルールをシンプルにして提示している。

　この課では次のように分けている。
～ている・てある：
　物の状態を表現する。
　　・～ている：物が「状態変化の自動詞」＋ている
　　　　　　　　状態変化の結果が残っている。
　　・～てある：物が「状態変化を起こした他動詞」＋てある
　　　　　　　　人が起こした変化の結果（意図的な動作の結果）が残っている。
～ている：
　人の状態を表現する。
　　・～ている：人が「自動詞・他動詞」＋ている
　　　　　　　　ここで使う自動詞は人が主語となるもので、「動き」や「状態」を表す
　　　　　　　　無対自動詞（行く、遊ぶ、いる、わかる、など）が主である。
細かく分類すれば「結果の状態」「進行」「習慣」「未完了（～ていない）」などになるが、使用場面を優先させて「人の状態を表す表現」としてくくることで、より運用を意識した練習を行う。初級で既習の「進行」や「習慣」は練習量を抑え、「結果の状態」を中心に扱う。
　「人が～てある」という形も可能だが、このレベルでは扱わない。（例　ゆうべ十分寝てあるから、今晩は少しぐらい遅くなってもだいじょうぶです。）

●留意点

～ている・てある　　　　　　　　　　　　　　　　　　　　　→p.59

ウォームアップ　「～ている」も「～てある」も物の状態を言う表現だが、自動詞・他動詞を使い分けることで伝えるニュアンスが異なることを確認する。

II. 形の練習
自動詞か他動詞かによって文末表現を選ぶ。「書く、置く」などは対になる自動詞を持たないので常に「～てある」となる。

III. 使い方の練習
1. 2)、4) 何かを見つけたときはまず「物」に注目するので「物が～ている」が選ばれる。
   6)「変化の結果が残っている状態」ではなく、「繰り返される動き」を状態と捉えて、ここで扱う。
   7) 行為者を視野に入れているので「物が～てある」になる。

～ている　　　　　　　　　　　　　　　　　　　　　　　　　→p.62

I. 導入
2.「起きている」を使う場面に注意。「3時に寝る」の意味で「3時まで起きている」がよく使われる。

II. 使い方の練習
1. 4)、9)「来ている」「行っている」は移動の結果、到着した場所にいることを表す。移動の途中ではないことに注意する。
2. 話者の気持ちを表す動詞に「～ている」をつけて、第三者の心理状態を表現する。

〈参考文献〉
庵功雄他（2000）『初級を教える人のための日本語文法ハンドブック』スリーエーネットワーク
寺村秀夫（1982）『日本語のシンタクスと意味Ⅰ』くろしお出版
砂川有里子（1986）『日本語文法セルフマスターシリーズ2　する・した・している』くろしお出版

第9課　とき

→「わかって使える日本語」p. 64

●この課のポイント

この課では「とき」を次のように分けている。

〜るとき・たとき：

「V₁-る／た とき、V₂」は、V₁が「る」か「た」かによって、V₁とV₂のどちらが先に起きるかを示す。

　　例1　部屋を出るとき、電話が鳴った。
　　　　（「電話が鳴る」時点で「部屋を出る」行為がまだ終わっていない）
　　例2　部屋を出たとき、電話が鳴った。
　　　　（「電話が鳴る」時点で「部屋を出る」行為が既に終わっている）

ここでは V₁を変化（瞬間）動詞に限った。その理由は、非変化（継続）動詞を使った場合は「V₁-るとき」の形式で、動作の始まる前も継続中も表すことが可能だからである。

　　例3　ごはんを食べるとき、「いただきます」と言う。（動作が始まる前）
　　例4　ごはんを食べるとき、箸を使う。（動作の継続中）

このように後件など文脈によってそのいずれであるか判断する。動作が始まる前を表すときは、「V₁-る前に」のほうが的確に時点を示すことができる。

　　例5　食べる前に手を洗って。

〜ているとき：

「S₁（状態）とき、S₂」は、S₁で「どうであるか（状態）」という時間的範囲を示し、S₂で「何が起きるか（できごと）」を示す。S₂のできごとは、継続するできごと（状態）でも短時間のできごとでもよい。

　　例1　リーさんを待っているとき、宿題をしていた。
　　　　（S₂：継続するできごと（状態））
　　例2　リーさんを待っているとき、美加さんを見かけた。
　　　　（S₂：短時間のできごと）

S₁で状態を表す表現は名詞、形容詞、動詞（いる、ある、など）もあるが、ここでは「V-ている」を中心に練習する。変化（瞬間）動詞を使うと「結果の状態」に、非変化（継続）動詞を使うと「動作の継続中」となる。

V₁が「行く、来る、帰る、戻る」など移動の動詞は、「〜ているとき」でなく「〜るとき」の形で「移動の継続中」を表すので、ここで扱う。

●留意点

～るとき・たとき →p.64

ウォームアップ　「V_1 と V_2 のどちらが先に起きるか」を考える目安として「V_2 が起きる場所」を確認する。

I. 導入
文法説明

文の時制が過去か非過去かは、文末で判断する。
　　　例1　この間デパートに行ったとき、写真展を見ました。（文の時制は過去）
　　　例2　今度デパートに行ったとき、写真展を見ます。（文の時制は非過去）

III. 使い方の練習

日常場面の文脈で「V_1-る」と「V_1-た」の使い分けを学習する。
1）の「～ときは」、2）の「～ときに」は、文脈の中でよく使われる形なのでここで練習する。
3）「～とき（だけ）です」の形で名詞文として使われている。これらは日常会話で頻繁に用いられる形なので運用できるようにする。

～ているとき →p.67

I. 導入

S_1 が状態を表す場合の表現を紹介。
S_2 が状態（継続するできごと）を表す場合。
　　　例　前の家に住んでいるとき、毎日通っていた。
S_2 が短時間のできごとを表す場合。
　　　例　学校へ来るとき、サンプルをもらった。

文法説明

過去の文で「V-ているとき」の代わりに「V-ていたとき」が使われることもあるが、ここでは「V-ているとき」に限って扱う。
　　　例1　バスを待っているとき、雨が降り出した。
　　　例2　バスを待っていたとき、雨が降り出した。

II. 形の練習

過去の文では「V-ていた」が出た場合、理解できていれば誤りとはしない。
13）非変化（継続）動詞を使った「V-ているとき」は「V-るとき」に交替できる場合がある。個別のことがらを述べる場面では「V-ているとき」が使われるが、一般的なことがらや個人の習慣について述べる場面では「V-るとき」が選択される傾向がある。

例1　敬語は、目上の人と話すとき、使います。
例2　手紙を書くとき、いつもパソコンを使います。

学習者がこのことをしっかり理解できたと判断した場合は、運用練習を取り入れてもよい。

〈参考文献〉
庵功雄他（2000）『初級を教える人のための日本語文法ハンドブック』スリーエーネットワーク
町田健（1989）『NAFL選書9　日本語の時制とアスペクト』アルク

第10課　～てくる・ていく

→「わかって使える日本語」p. 70

●この課のポイント

「～てくる」「～ていく」は、動詞のて形に「くる」「いく」をつけ、それぞれ「話者に接近する」「話者から離反する」意味を先行動詞に付加する表現である。「くる」「いく」が具体的な移動を表す用法から、抽象的な意味を表す用法まで様々であるが、ここでは話者のいる場所を空間として捉えるか、時点と捉えるかに分けてそれぞれ運用に結びつける。

この課では「～てくる・ていく」を次のように分けている。
～てくる・ていく　1：
　話者のいる場所を空間的な基準点として、接近、離反を表す。
　ここでは「V–てからくる」「V–てからいく」の意味を持つ用法を中心に提示する。初級において語彙レベルで提出された、付帯を表す用法（「持ってくる」など）は復習で扱う。
～てくる・ていく　2：
　話者のいる時（現在）を時間的な基準点として、「状態の変化」や「動作の継続」を表す。ここでは、未来の「てくる」は扱わない。（例　来年はもっと忙しくなってくるだろう。）
　「変化の継続」を表す場合は、動詞自体に変化の意味が含まれる。
　　例1　いろいろな外国語を学ぶ人が増えてきた。
　「短時間の変化（出現、生起も含む）」を表すこともある。
　　例2　店が込んできた。
　　例3　晴れてきましたね。
　「動作の継続」を表すとき、継続期間が短いと逸脱文が出やすい。
　　例4　あと1日、今の仕事を頑張っていこうと思います。（×）
　　例5　あと1日、今の仕事を頑張ろうと思います。（○）

●留意点

（復習）　初級で1つの言葉として示された付帯を表す「V–てくる・V–ていく」を扱う。必要があれば練習を補う。

第10課　〜てくる・ていく

〜てくる・ていく　1　　　　　　　　　　　　→p.70

ウォームアップ　話者のいる場所を基準にした発話であることを確認する。

I．導入

文法説明

「V-てくる・ていく」の否定形に注意する。1課で既習の「〜て・ないで」の否定の形は「V-ないで、V」なので、混同しやすい。「V-てくる・ていく」の中には「V-ないでくる・いく」が使える場合もあるが、ここではすべての用法に使える「V-てこない・いかない」に限定して練習する。

II．使い方の練習

1. 1) 否定形を使って、単純な応答ができるようにする。

III．発展練習

動作が話し手に向うときの言い方。この場合の動詞はそれ自体に移動の意味が備わっている。受け手が話者である場合、「わたし」などを言わなくてもそれがわかる表現である。

〜てくる・ていく　2　　　　　　　　　　　　→p.74

ウォームアップ　現在を基準として、その前後の変化を述べるときの言い方である。

II．使い方の練習

2. 1) のような「能力の変化」、3)、4) のような「短時間の状態の変化・出現」は身近な場面で頻繁に使う文なので、練習を補うとよい。

　　　　例1　表現が使えるようになってきた。（能力の変化）
　　　　例2　眠くなってきた。（短時間の状態の変化）
　　　　例3　雲が出てきた。（出現）

〈参考文献〉

寺村秀夫（1984）『日本語のシンタクスと意味II』くろしお出版
水谷信子（1989）「補助動詞『〜ていく、〜てくる』などの指導」『日本語シンポジウム 言語理論と
　　　　　　　日本語教育の相互活性化 予稿集』（財）津田塾会
森田良行（1990）『日本語学と日本語教育』凡人社

第11課　こ・そ・あ

→「わかって使える日本語」p. 77

●この課のポイント

　この課では、指示詞「こ・そ・あ」を次のように分けている。

「復習」：
　現場指示の復習。いわゆる「融合型」（p.77右側の図）と「対立型」（p.77左側の図）の使い方も確認する。「こ・そ・あ」の基本の形は、必要があれば、押さえておく。

	もの	場所	方向・人	（名詞を限定）
こ	これ	ここ	こちら・こっち	このN
そ	それ	そこ	そちら・そっち	そのN
あ	あれ	あそこ	あちら・あっち	あのN

こ・そ・あ　1：
　話し言葉・書き言葉の両方で、文脈指示は原則として「そ」を提示する。会話では話し手と聞き手のどちらが言ったことでもよい。図やグラフは現物を示すので現場指示的になり、文章においても「こ」になることが多い。

こ・そ・あ　2：
　話し言葉において、文脈指示は原則として「そ」を使うとして提示し、「あ」でなければならない場合を限定して示す。
　「あ」が使えるのは、話し手と聞き手がそのことがらについて内容まで共有している場合である。話し手と聞き手の両方が単に言葉として知っているだけの場合は「あ」を使わない。が、次のように「あ」を使う逸脱文を作ることがある。
　　例　先週北海道に行ってきたんですけど、あそこ（→そこ）で買ったおみやげです。
北海道に行くときいっしょに行ったりして経験を共有したわけではないので、「あ」を使うことはできない。
　　「後方指示（指示されるものが後で出てくる）」の「こ」は扱っていない。（例　始めます。これは人から聞いた話ですが、…。）

第11課 こ・そ・あ

●留意点

復習

2. 1)、2) 電話などで使う指示表現は話し手を指す「こちら（こっち）」、聞き手を指す「そちら（そっち）」となる。
   3)、4) は、患者や美加の身体や衣服の一部が医者や店員の領域にあるため、持ち主であっても「そ」で指している。

こ・そ・あ 1 　　　　　　　　　　　　　　　　　　　　→p.79

I. 導入
3. グラフを「こ」で示す例。

II. 使い方の練習
1. 「こ、そ、あ」のつくどんな言葉を使うか、確認する。
   例2、3) は、場所を詳しく言うとき、「そこの～」ではなく「その～」になる例。「その横」「その中」のようによく使う指示表現なので、運用できるように練習する。
   5) は、直前の名詞を「その人の」ではなく「その～」で繰り返す例。
2. 3) 現場指示か、文脈指示かを文脈の中で使い分ける。

p.82の下

書き手、話し手の関心が強いときや、読み手、聞き手の注意を引きたいとき「そ」の代わりに「こ」を使う例で、読解文にもよく見られる。ここでは理解にとどめる。

こ・そ・あ 2 　　　　　　　　　　　　　　　　　　　　→p.83

I. 導入
文法説明
　文章では「あ」は使わない。例外的に「あ」が使用されるのは回想の中である。

II. 使い方の練習
5)「今度の金曜日」を繰り返すとき、話し手、聞き手に共通の知識であるという理由で「あ」とする逸脱が多いので、注意する。「あ」は、過去における話し手と聞き手の共通の体験について使い、未来のことには使えない。

III. 総合練習
　現場指示と、文脈指示の「こ、そ、あ」を使い分ける練習。

p.85の下

聞き手が存在しない場合の「あ」は、話し手が懐かしく思い出したときなどに使われる。紹介するが、理解にとどめる。

〈参考文献〉

金水敏他編（1992）『指示詞』ひつじ書房

国立国語研究所編（1999）『日本語教育指導参考書8　日本語の指示詞』財務省印刷局

金水敏他（1989）『日本語文法セルフマスターシリーズ4　指示詞』くろしお出版

神尾昭雄（1990）『情報のなわ張り理論』大修館書店

庵功雄他（2000）『初級を教える人のための日本語文法ハンドブック』スリーエーネットワーク

第12課　普通形＋のは

→「わかって使える日本語」p.86

●この課のポイント

「普通形＋の」は文を名詞化したものであるが、この課では分裂文（いわゆる強調構文）を取り上げる。話し言葉、書き言葉を問わず広く使われる表現なので、運用できるようにする。

「普通形＋のは 名詞（＋助詞） だ」の文型で、話し手が言いたいこと、強調したいこと、知りたいことを□□□で表す。典型的な文型として疑問語を伴う文を提示する。

●留意点

ウォームアップ　質問に答えるとき、初級では質問と同じ文型を使う。相手が何を求めているかを捉え、「名詞だ」の形で伝える表現も文法に適っていることを確認する。

I. 導入

文法説明

「S（普通形）の」の例外には、な形容詞のほか名詞もあるが、次の理由でここでは扱わない。「月曜日が休み<u>な</u>のは田中さんです」がそれに相当するが、不自然さが否めず実際には「月曜日に休むのは田中さんです」のようにほかの表現を使うことが多い。また、「会議の司会<u>な</u>のは川上さんです」といった逸脱文も誘発しやすいからである。

II. 形の練習

「S（普通形）＋のは 名詞（＋助詞） だ」の文を作る。よく使うので練習を補うとよい。

2. 3）理由を述べる言い方の「～のは、～からです」。日常場面で使えると便利な表現である。

IV. 読んでみましょう

物語を読んだあとで内容について尋ねる質問文を作成する。学習者が互いに質問し合うことで内容理解も深まり、クラスが活性化する。

〈参考文献〉

佐治圭三（1991）『日本語の文法の研究』ひつじ書房

国立国語研究所編（1981）『日本語教育指導参考書5　日本語の文法（下）』財務省印刷局

寺村秀夫（1982）『日本語のシンタクスと意味Ⅰ』くろしお出版
村松明編（1971）『日本文法大辞典』明治書院

第13課　たら

→「わかって使える日本語」p. 90

●この課のポイント

「S_1 たら、S_2」の基本の意味は、「S_1 が完了したあとで、S_2 の事態が起きる」ということである。

この課では「S_1 たら、S_2」を次のように分けている。

たら　1：
S_2 が非過去の場合。
S_1 には、「現実に必ず起こること」から「全く起きる可能性がないこと」まで来る。
 a. 必ず起こること：「来月になったら」「雨がやんだら」
 b. 起こるかどうかわからないこと：「試験に受かったら」「電車に遅れたら」
 c. 起こる可能性がないこと：「体が2つあったら」「水の上を歩けたら」
 d. 実際に起こらなかったこと：「100年前に生まれていたら」「クレオパトラが美人じゃなかったら」

aには「もし」がつかず、b、c、dには「もし」がつけられる。
S_2 が非過去の場合、S_2 には、意志の表現（依頼、願望、誘いなど）が多く使われる。

たら　2：
S_2 が過去の場合。
個人的なできごとや体験を述べる場面で多く使われる。S_2 が意志的に行った動作を表すことはなく、予想しなかったこと、意外なできごとがほとんどである。
S_1 で「状態」を表す場合と、「動作」を表す場合とがある。S_2 では、「できごと」や「発見時の状況（状態）」を述べる。

 例1　試合を見ていたら、突然雨が降り出した。（S_1（状態）、S_2（できごと））
 例2　バッグを開けたら、財布が入っていなかった。
          （S_1（動作）、S_2（発見時の状態））
 例3　引き出しを開けたら、古い写真が出てきた。（S_1（動作）、S_2（できごと））

●留意点

たら 1 → p.90

ウォームアップ 初級段階で「たら」は仮定という印象が強いが、「必ず起こるとき」にも使える表現であることを示し、この課の動機づけとする。

II. 形の練習

2. 現在の事実と違うことを想定する（反実仮想）。S_2には「V-ている」や形容詞など状態を表す言葉をよく使い、文末には「だろう」「かもしれない」などの不確かさを表す表現が来やすい。以上のことを確認し、文の産出を目指す。この用法ではS_2が「V-ていた」になることもあるが、ここでは産出は求めない。

たら 2 → p.93

I. 導入
文法説明

〔使い方の注意〕で「S_1たら、S_2（過去）」で使われる典型的な表現を示した。

過去の状態を表す「V-ていた」や、できごとを表す「V-てきた」などは必ずしも産出が容易ではないが、豊かな表現力の養成につながる。

II. 使い方の練習

1. 1)～3) は「S_1（状態）、S_2（できごと）」（この課のポイント例1に同じ）
   4) は「S_1（動作）、S_2（できごと）」（この課のポイント例3に同じ）
   5)～8) は「S_1（動作）、S_2（発見時の状態）」（この課のポイント例2に同じ）

1でそれぞれの表現の特徴をつかみ、2で的確な文を作る練習をする。

p.95の下

接続詞として話し言葉でよく使われる「そうしたら」を紹介。

〈調査結果〉
- 「たら」は、典型的には親しい者同士の会話など緊張度の低い場面に多く見られた。
- ニュースや政治討論などの改まった場面で「たら」の使用はほとんど見られず、「ば」に比べても非常に少ない。

〈参考文献〉

益岡隆志（1993）『日本語の条件表現』くろしお出版

Anthony Alfonso（1980）"Japanese Language Patterns vol.2" Sophia Univ.

第13課　たら

森田良行（1990）『日本語学と日本語教育』凡人社
庵功雄他（2001）『中上級を教える人のための日本語文法ハンドブック』スリーエーネットワーク
蓮沼昭子他（2001）『日本語文法セルフマスターシリーズ7　条件表現』くろしお出版

第14課　と

→「わかって使える日本語」p. 96

●この課のポイント

「S₁と、S₂（非過去）」の文は、S₁のできごとに続いてS₂が起こるという関係を表す。S₁とS₂は、論理的な関係というより観察できることがらであり、S₁とS₂には現実的な一体感がある。

　S₂には意志の表現（依頼、願望、誘いなど）が来ない。その点は「たら」と大きく異なる。

　　例1　田中さんから電話があると、知らせてください。（×）
　　例2　田中さんから電話があったら、知らせてください。（○）

　ここでは、「繰り返し観察できる現象」「習慣」を中心に扱っている。ただし、「S₁と、S₂」がいつも繰り返しのできごとを表すわけではなく、
　　例3　急がないと、間に合わない。
のようにS₁とS₂の現実的な一体感に着目する場合もある。

●留意点

I．導入
文法説明
　S₂に話し手の意志表現は来ない。

II．形の練習
　8）S₂に「～たいです」は使えないので、注意する。この場合「～たくなる」と表現する。

III．使い方の練習
1. 間違いをさがすことで、類義表現「て形」と「と」を正確に使い分ける手がかりをつかむ。「と」の後には意志表現は来ないが、「て形」および「とき（は）」の後では意志を表すことができる。
　5）に見るように1つの文（複文）で「と」を重複して使用することはできない。
2. S₁、S₂共に否定の形を使う練習。
5. 「て形」と「と」を的確に使う練習。

第14課　と

> p. 99 の下

「S₁と、S₂（過去）」で「過去の習慣」を述べる文を紹介。

IV. 読んでみましょう

「S₁と、S₂（過去）」の文は、物語などに多く使われる。

次々に起こるできごとを観察しているように伝える。この点も、個人的なできごとや体験を述べる場面で多く使われる「たら」とは異なる。

〈調査結果〉

・音声言語では、「繰り返し観察される現象」が突出していて、7割を占めている。
・音声言語で、「実現の可能性のある事態」を表す用法が1割あった。（例　払い終わると、われわれはいくつになってんだ。）

〈参考文献〉

益岡隆志編（1993）『日本語の条件表現』くろしお出版
Anthony Alfonso（1980）"Japanese Language Patterns vol.2" Sophia Univ.
森田良行（1990）『日本語学と日本語教育』凡人社
庵功雄他（2001）『中上級を教える人のための日本語文法ハンドブック』スリーエーネットワーク
蓮沼昭子他（2001）『日本語文法セルフマスターシリーズ7　条件表現』くろしお出版

第15課　ば

→「わかって使える日本語」p. 101

●この課のポイント

「S₁ば、S₂」には、例えば次のようにいくつかの用法がある。
　a．一般的因果関係
　　例1　2,000円払えば、料理教室に参加できる。
　　例2　ちりも積もれば、山となる。
　b．仮定的用法
　　例3　休みが取れれば、行きます。
　　　（含意　休みが取れなければ、行かない。）
　c．反実仮想
　　例4　もう10分早く起きれば、1本早い電車に乗ることができた。
　　　（含意　10分早く起きなかったので、乗れなかった。）
この課では主としてaとbを取り上げ、cは「ばよかった」という表現形式に限って扱う。

S₁ば、S₂：
　S₁は、S₂が成立するために必要な条件を表す。「S₁が成立する。その結果、当然S₂が成立する」。言い換えれば「S₁が成立しないと、S₂も成立しない」という関係である。
　S₂に依頼、願望、誘いなどの意志を表す言い方が来ることもあるが、ここではS₂に意志表現が来る文は取り上げていない。そのような場合S₁に制約が多いからである。「S₁ば、S₂」のS₁は「動詞」と「い形容詞」のみで、「ば」の形を持たない「名詞」と「な形容詞」は現れない。「〜であれば」を用いた形はあるが、ここでは扱わない。（例　必要であれば、取り寄せることもできますが。）

●留意点

（ウォームアップ）　文レベルでは「キーを押したら、消えますよ」も言えるが、ここでは文脈から判断して「ば」のほうが自然であるとする。「文字を消す」方法を求めている人に対して、パソコンの仕組みから当然必要な条件を「このキーを押せば」と「〜ば」で提示する。
　初めて「ば」の機能を学ぶ学習者の場合、「導入」「まとめ」から入り「ば」の意味機能を捉えてから、「ウォームアップ」で確認するのも

1つの方法である。

I. 導入
文法説明

「時間があれば、行きます」は、「時間がなければ、行きません」という意味を含んでいる。

II. 形の練習

1. S_2が成立するための必要条件をS_1で述べる用法(この課のポイントa 一般的因果関係)を中心に練習する。S_2はプラスのニュアンスを含むものが多く、「はずだ」「可能動詞」などの表現と共起しやすい。

   10)は、2の「裏の意味を含む文」の練習につながる。

III. 使い方の練習

1. 2)断りの機能を練習する。
2. この課のポイントaの用法で、相手に指示や助言を求めるときよく使う「疑問語〜ば、いいですか」を練習する。

p.104の下

「〜ば(なければ)よかった」の形で、後悔の機能を扱っている。

この課のポイントc(反実仮想)の表現形式の1つである。未習の場合は産出のための練習を補う。

〈調査結果〉

・一般的因果関係を表す用法では、S_2に望ましいことがらが来ることが多い。「可能動詞」が多く使われ、「〜はずだ」と共起する例も目立った。
・仮定的用法は一般的因果関係を表す用法のほぼ2倍ある。
・慣用表現には「〜ばいい」が多く見られる。

〈参考文献〉

益岡隆志編(1993)『日本語の条件表現』くろしお出版

Anthony Alfonso (1980) "Japanese Language Patterns vol.2" Sophia Univ.

森田良行(2002)『日本語文法の発想』ひつじ書房

庵功雄他(2001)『中上級を教える人のための日本語文法ハンドブック』スリーエーネットワーク

蓮沼昭子他(2001)『日本語文法セルフマスターシリーズ7 条件表現』くろしお出版

第16課　なら

→「わかって使える日本語」p. 105

●この課のポイント

　この課では、「相手の発話を話題として受けて、それに関連した自分の意見や判断、提案などを伝える」用法を練習する。「なら」を使うことで、相手とのやりとりがスムーズになり、会話に参加したいというニュアンスが生まれる。発話をそのまま受けて繰り返す場合もあるが、内容を捉えながら表現を変えたり、発話に関連したことがらを取り上げることも多い。

　　例　チャン：週末、中華街に行こうと思っているんだけど、
　　　　　　　　アンさんもどう。
　　　　アン：a. 中華街に行くなら、わたしも行きたいな。（相手の発話）
　　　　　　　b. みんなが行くなら、わたしも行きたいな。（発話に関連のあること）

●留意点

ウォームアップ　「なら」を使って自分の意見や判断を述べる場合、S_1が既に起きたかどうかに関わりなく、S_1のことがわかった段階でS_2のことを伝える。「たら」は必ずS_1がS_2より先に起きなければならないが、「なら」はそのようなことがない。

I. 導入

文法説明

　「～なら」節内では「は」が使えないことに注意する。
　　例1　みんなは行くなら、わたしも行きたい。（×）
　　例2　みんなが行くなら、わたしも行きたい。（○）

II. 使い方の練習

1. 4)、5) 相手の発話を話題として受けて応えるとき、内容が否定的な場合は「なら」ではなく「は」を使う。
　　例　山下：じゃあ、待ち合わせは5時半にしましょうか。
　　　　大木：5時半はちょっと…。
　　　　　　　6時ならだいじょうぶですけど。
6) 相手の発話を受ける「それなら」は、会話でよく使われるので取り上げた。相手の

発話全体を「それ」で指し、「なら」で受ける言い方である。
2. 3)「中国語なら、リーさんがいい」ではなく「リーさんなら、～」で、提案をする表現になっているので注意する。

Ⅲ. 発展練習
話し手（書き手）自身が述べたことを取り上げて、話を進めたりまとめたりするときも、「なら」を使う。（説明文、書き言葉）

Ⅳ. 読んでみましょう
この課のポイントb（発話に関連のあること）の用法で、内容をまとめる機能もある。

p. 108の下
話し言葉で用いる「（ん）だったら」が「なら」の意味機能を担っていることを確認する。

〈調査結果〉
・音声言語で先行文脈を受ける提題の用法が全体の80％で、そのうち「相手の発話を受ける」用法と「相手の発話に関連のあること」の用法の比率は、ほぼ4：1であった。
・「相手の発話を受ける」用法のうち、「それなら」の使用が目立った。（20％）
・音声言語で「なら」の代わりに「だったら」が使用されていたのは4分の1であった。

〈参考文献〉
益岡隆志編（1993）『日本語の条件表現』くろしお出版
Anthony Alfonso（1980）"Japanese Language Patterns vol.2" Sophia Univ.
森田良行（2002）『日本語文法の発想』ひつじ書房
庵功雄他（2001）『中上級を教える人のための日本語文法ハンドブック』スリーエーネットワーク
蓮沼昭子他（2001）『日本語文法セルフマスターシリーズ7　条件表現』くろしお出版

第17課　ので・のに

→「わかって使える日本語」p. 109

●この課のポイント

「ので」「のに」は接続を表す表現である。

S_1ので、S_2：
　S_1がS_2の原因や理由になっている用法を扱う。「理由を示す表現」というより「S_1の結果、S_2」というニュアンスが強い。
　「て形接続」に「原因、結果」を表す用法があるが、それとの違いは次の点である。
　　・「ので」の文ではS_2で意志表現が使えるが、「て形」の文では使えない。
　　　例1　ピカソ展をやっているので、見に行こうと思います。（○）
　　　例2　ピカソ展をやっていて、見に行こうと思います。（×）
　　・「S_2で気持ちを表す」ときは、「て形」のほうが自然な文になる。
　　　例3　雨が降らなくて、よかった。（○）
　　　例4　雨が降らないので、よかった。（？）

S_1のに、S_2：
　S_2が、S_1から予想されることに反した場合に使う。具体的には、話し手の「意外な気持ち」「失望感」「不平・不満」などを表す場面でよく使われる。

●留意点

I. 導入
　1の「のに」は話者自身に対する失望感を、2の「のに」は相手に対する失望感を表す。

文法説明
　「S_1ので、S_2」のS_2には、話し手の意志を表す表現も現れるが、命令などの強い要求は来ない。S_2に命令などの強い要求が来る場合は、「ので」ではなく「から」を使う。（「から」には理由を明確に示す機能がある。）ただし、丁寧な言い方ではその限りではない。
　　　例1　電車が来るので、下がって。（×）
　　　例2　電車が来るから、下がって。（○）
　　　例3　電車がまいりますので、お下がりください。（○）

「S₁のに、S₂」のS₂には、話し手の意志を表す表現は現れない。S₂が話し手の意志を表す場合は、「のに」でなく「けれど」「が」などを使う。

　　例1　熱があるのに、病院に行きたくない。（×）
　　例2　熱があるけれど、病院に行きたくない。（○）

Ⅱ. 形の練習

1. S₁とS₂の意味関係を対比させながら「ので」「のに」の使い分けを練習する。「のに」は「失望感、不平、不満を表す表現」という印象が強いが、実際には2）のように、失望や不満ではなく意外な気持ちを表す場面でもよく使われる。

Ⅲ. 使い方の練習

2. このレベルの学習者が作りがちな逸脱文が提示してある。1文に「～ので、～ので、～」や「～のに、～のに、～」のように「ので」「のに」を重複して使うことはできない。S₁やS₂に述語が2つある場合は、「て形」と「ので／のに」を適切に運用し、例えば、「V₁-て、V₂ ので／のに、S₃」のようになる。

Ⅳ. 読んでみましょう

同一文脈で「のに」「ので」のどちらも現れる可能性を持つ例である。話し手がS₁とS₂の2つのできごとをどう結びつけて捉えているかによって、選択が分かれる。

p.112の下

実際の運用場面での使われ方を紹介。前者は話し言葉で「ので」が「んで」に音変化する例。後者は「S-普通形ので」が丁寧な言葉遣いで「S-丁寧形ので」になる例。

〈調査結果〉

・母語話者へのアンケート調査の結果では、「～ましょう」「～ていただきたい」など丁寧体で意志表現をする場合、「（普通形／丁寧形）ので」が選ばれる傾向が強い。
・アンケート調査では、感情表現を伴う文で「から」「ので」より「～て」が多く選ばれた。

〈参考文献〉
佐治圭三（1991）『日本語の文法の研究』ひつじ書房
庵功雄他（2001）『中上級を教える人のための日本語文法ハンドブック』スリーエーネットワーク
益岡隆志（1997）『複文』くろしお出版

第18課　～(さ)せる（使役）

→「わかって使える日本語」p.113

●この課のポイント

使役には次のような用法がある。

例　a. 母親が子どもに嫌いな物を<u>食べさせた</u>。（指示、強制）
　　b. 休みたいと言ったので<u>休ませた</u>。（許可）
　　c. 子どものころよく病気をして親を<u>心配させた</u>。（誘引、無意志的）
　　d. 首脳会談が事態を<u>進展させた</u>。（他動詞のような働き）
　　e. 言いたいだけ、<u>言わせて</u>おいた。（放置、「ておく」と共起しやすい）
　　f. これでわたしのスピーチを<u>終わらせて</u>いただきます。（宣言文、「～させていただきます」の形で使われる）
　　g. 子どもに<u>やけどをさせて</u>しまった。（責任、「てしまう」と共起しやすい）
　　h. 慣用表現（目を輝かせる、胸を躍らせる、髪をなびかせる、など）

このように使役には複数の意味機能があるが、共通しているのは次の点である。使役表現は、「働きかけが『原因（誘引）』となってその『結果』として事態が生じた」と話者が捉えたときに用いられる表現である。

　　　　人$_1$（原因・働きかけ）⇒ 人$_2$がV（生じた事態）
　→「人$_1$（原因）が人$_2$（事態の動作主）を／に ～V-(さ)せる」

上記の用法における「働きかけ」と「生じた事態」は、次のようである。

　　　　〈働きかけ〉　〈生じた事態〉
　　a. 母親　　　⇒　子どもが嫌いな物を食べる
　　b. （わたし）　⇒　（だれか）が休む
　　c. （わたし）　⇒　親が心配する
　　d. 首脳会議　⇒　事態が進展する
　　e. （わたし）　⇒　（言いたい人）が言う
　　f. （わたし）　⇒　スピーチが終わる
　　g. （わたし）　⇒　子どもがやけどをする

「使役」という呼び方は、人に強制して何かをさせる意味合いが強く出るので「～(さ)せる」をタイトルの中心とした。

第18課　～(さ)せる（使役）

この課では、「～(さ)せる（使役）」を次のように分けている。
～(さ)せる（使役）1：
　　この課のポイントaの用法（指示、強制）。
～(さ)せる（使役）2：
　　この課のポイントcの用法（誘引、無意志的）。
～(さ)せる（使役）3：
　　この課のポイントbの用法（許可）。fの「宣言文」、dの「他動詞のような働き」も紹介。
　　e、g、hは扱っていない。

●留意点

（ウォームアップ）　この課で取り上げる使役の用法のうち2つを示した。
　　　　　　　　b：「～(さ)せる（使役）1」（指示）
　　　　　　　　c：「～(さ)せる（使役）2」（許可）

■ ～(さ)せる（使役）1　　　　　　　　　　　　　　　　　　→p.113

I．導入
文法説明
　助詞のルールは、「～(さ)せる1」から「～(さ)せる3」に共通であり、原則として「動作主」を「人を」で示す。
　　　例1　子どもが買い物に行く　→　子どもを買い物に行かせる
　　　例2　親が心配する　→　親を心配させる
　　　例3　伊藤君が帰る　→　伊藤君を帰らせる。
　ただし、次の場合は「動作主」を「人に」で示す。
　「生じた事態」の文中に「名詞を」がある場合、「を」の重複を避けるためである。
　　　例1　娘が電話をかける　→　娘に電話をかけさせる
　　　例2　弟が右側を歩く　→　弟に右側を歩かせる

II．形の練習
1. 動詞単位の変換練習は、語彙を補う。
2. 助詞が選択しやすいように「人を」を選ぶものと、「人に」を選ぶものに分けて提出してある。
　　9)は「子どもに歩道を歩かせる」になる。助詞を選ぶ手がかりは、助詞の重複を避けるということであって、自動詞か他動詞かではない。

Ⅳ. 発展練習

人間関係や場面によって「～(さ)せる」と「～てくれる」を使い分けている。相手に直接言う場面では「～(さ)せる」は使用しない。学習者のレベルに合わせて運用練習を取り入れるとよい。

～(さ)せる（使役）2 →p.117

Ⅰ. 導入
文法説明

気持ちや感情を表す動詞と共起しやすい。それらは意志動詞ではないので、人、に指示されて実行できることではない。
「気持ちにさせる」文では、助詞は「人を」が使われる。

～(さ)せる（使役）3 →p.119

Ⅱ. 形の練習
2. 3)「Nを」が省略されているが、「人に（Nを）考えさせる」になるので注意する。

Ⅲ. 使い方の練習
1. 「～(さ)せて＋授受表現」による許可を求める表現を練習する。依頼の表現との違いに注意。

  例1　読ませていただけませんか。（許可を求める　読む人＝話し手）
  例2　読んでいただけませんか。（相手に依頼　読む人＝相手）

いろいろな場面、人物設定で適切な表現が使えるように会話練習をする。

Ⅳ. 発展練習
宣言の言い方を導入するが、練習は限られた場面に絞る。

  例　これで発表を終わらせていただきます。

p.122の下

「～(さ)せる」には「他動詞のような働き」をするものがある。「凍る」「充実する」のような自動詞（対を持たない）の場合は、「～(さ)せる」の形が他動詞のような働きをする。

  例1　ジュースを凍らせる。
  例2　事態を進展させた。

対になる他動詞があっても「～(さ)せる」の形をとるものもあるが、ここでは触れない。
「他動詞のような働き」をする「～(さ)せる」は理解にとどめ、産出はしない。

〈調査結果〉

・活字メディアにおいては、「他動詞的用法」が全体の70％近くを占めていた。そのうち「漢語-させる」と「和語-(さ)せる」の比率は7：4であった。（後者の中では慣用表現が目立つ。）

〈参考文献〉

柴谷方良（1978）『日本語の分析』大修館書店

寺村秀夫（1982）『日本語のシンタクスと意味Ⅰ』くろしお出版

楊凱栄（1989）『日本語と中国語の使役表現に関する対照研究』くろしお出版

森田良行（2002）『日本語文法の発想』ひつじ書房

安藤節子・小川誉子美（2001）『日本語文法演習　自動詞・他動詞、使役、受身―ボイス―』スリーエーネットワーク

第19課　ように・ために

→「わかって使える日本語」p. 123

●この課のポイント

「ように」「ために」は目的や目標を表す表現である。どちらも後件には意志を表す表現が来やすいが、前件に来る動詞のタイプは異なる。ここでは「ように」「ために」の的確な使い分けを目指す。

S_1ように、S_2：
　S_1は、目標や希望を表すので意志を表す表現は来ない。「可能動詞」「自動詞」など意志を表さない動詞や、「V-ない」をとりやすい。この場合の「V-ない」は無意志動詞も意志動詞も使える。
　　例1　川がこれ以上汚れないように、今できることを考えてみよう。
　　例2　川をこれ以上汚さないように、今できることを考えてみよう。
日常生活場面の話し言葉でよく用いられるが、書き言葉でも使う。

S_1ために、S_2：
　S_1は、目的を表し、意志を表す表現をとる。「V-ない」が来ることもあるが、無意志動詞が使いにくいなど制約があるので、ここでは提出していない。
　　例1　二度とこのような事故が起きないために、早急に対策を講じます。（？）
　　例2　二度とこのような事故を起こさないために、早急に対策を講じます。（○）
書き言葉や強い決意を明確に表す場面など、硬い文体でよく使われる。

●留意点

ウォームアップ　　S_1の動詞が意志動詞か無意志動詞かが使い分けの手がかりであること、および「ために」が日常的なことがらと共起しにくいことを提示。

I. 導入

文法説明

　「S_1ように、S_2」におけるS_1とS_2の主語は、同一の場合も異なる場合もある。異主語のときは、意志動詞をとることができるが、ここでは扱わない。
　　　例　子どもが喜んで風呂に入るように、かわいい石鹸を用意した。
　「S_1ために、S_2」の主語は同じことが多い。

II. 形の練習
1. 文脈から「ように」「ために」の使い分けを判断する。
2. 「ように」「ために」のどちらかを選び適切な表現を使って文を作る。

IV. 発展練習
「V-ますように」は運用できると役に立つ表現。余裕があったらカードや手紙を書くとよい。

〈調査結果〉

・「ために」は、新聞の政治・経済面、論説において、またテレビの「ニュース」、「報道番組」などで多く使われる傾向があった。新聞でも、生活、家庭面、および広告では「ように」の方が多く使用されていた。

〈参考文献〉

庵功雄他（2001）『中上級を教える人のための日本語文法ハンドブック』スリーエーネットワーク

前田直子（1995）「スルタメ（ニ）、スルヨウ（ニ）、シニ、スルノニ—目的を表す表現—」『日本語類意表現の文法（下）複文・連文編』くろしお出版

第20課　ようだ・みたいだ

→「わかって使える日本語」p. 127

●この課のポイント

「ようだ・みたいだ」は、話し手がはっきり断定（しない）できないことについて、直接見たり聞いたり感じたりしたことから判断して推量する表現である。事実として確認できないことがらを言うときに用いられるが、他人の意志・気持ちなどもその1つである。また、断定を回避するための婉曲表現としても使われる。
「ようだ」と「みたいだ」の違いは、ここでは文体の差とする。

●留意点

ウォームアップ　ほかの人の気持ちは断定できないので、推量表現を用いて述べる。

I. 導入

文法説明

「ようだ・みたいだ」は話し手自身のことでも使える。
　　　例　どうも熱があるみたいだ。

II. 形の練習

1. 1)～4) ほかの人の気持ちを推量して述べる。推量表現と共起しやすい副詞に「どうも」がある。
   5)「ようだ・みたいだ」は、な形容詞と同じ活用をするので、「～んです」に接続する場合は「～ようなんです」「～みたいなんです」になる。

III. 使い方の練習

2. 婉曲表現。はっきりしていることでも、断定して人に言いたくないときや言いにくいとき婉曲に表現する。
   1) 自分のことを「いい」と言いにくい。
   2) ほかの人について言いにくいこと。
3. アンケート調査の解説文。断定を避けて筆者自身の意見を述べている。

IV. 発展練習

推量の表現には、ほかに「らしい」がある。「ようだ・みたいだ」とほとんど同じ場面で使われるが、「ようだ・みたいだ」が直接観察したことを基に推量するので、話し手が推量の内容を身近に感じているニュアンスがあるのに対して、「らしい」は心理的な距離を感じさせる。例えば、話し手が「推量の内容について責任は持てない、よく知

らない」というニュアンスがある。
ここでは、人間関係や関心の持ち様などにより「らしい」が選ばれやすい場面を提示した。

〈調査結果〉
・「〜ようだ。」と文末で言い切る形より、名詞に接続する使い方が多く見られた。
　　例1　〜ようなN（場合、こと、もの、とき、所、人、の、など）
　　例2　〜ような気がする
・音声言語（主にテレビ）での「ようだ」「みたいだ」の割合は、およそ2：1だった。「ようだ」はニュースショー、ナレーションで、「みたいだ」は「ドラマ、バラエティー等での使用が目立った。「推量・観察を述べる用法」と「比況」（この課では扱っていない。）は音声言語ではほぼ同じ割合だが、新聞では「ようだ」の「比況」が7割を占めた。
・「ようだ」「みたいだ」には、親疎による使い分けが見られ、親しい人との会話場面には「〜みたいだ」がより多く使われる傾向が見られる。
・「ようだ」は新聞などの統計やアンケート調査の解説文で使われていた。

〈参考文献〉
日本語記述文法研究会編（2003）『現代日本語文法4　第8部　モダリティ』くろしお出版
宮崎和人・安達太郎・野田春美・高梨信乃（2002）『モダリティ　新日本語文法選書4』くろしお出版
益岡隆志（1991）『モダリティの文法』くろしお出版
寺村秀夫（1984）『日本語のシンタクスと意味Ⅱ』　くろしお出版
仁田義雄他編（1989）『日本語のモダリティ』くろしお出版

第21課　〜(ら)れる（受身）

→ 「わかって使える日本語」p. 132

●この課のポイント

「〜(ら)れる」は、ほかの人の動作やできごとの影響（働きかけ）を、それを受ける側から捉えた表現である。

この課では、「〜(ら)れる」を次のように分けている。

〜(ら)れる（受身）1：
影響（働きかけ）を受けるのが「人」の場合で、話し手はその人の視点（立場）で事態を捉える。話し言葉（日常会話場面）で主に使用される。動詞の意味や文脈あるいは構文によって迷惑の意味が生じる。使役受身もここで扱う。

例1　（わたしが）結婚式に招待された。（直接受身）
例2　（ルンさんが）看護師さんに名前を呼ばれる。（いわゆる所有の受身）
例3　店長がチャンさんに休まれた。（間接受身）
例4　（わたしが）友だちに30分も待たされた。（使役受身）

〜(ら)れる（受身）2：
影響（働きかけ）を受けるのが「人以外」（もの）の場合で、そこに視点を置いて事態を捉える。書き言葉で多く使用され、影響（働きかけ）を与えた側が不明、またはそれを言う必要がないときにも使われる。

例1　オリンピックが1896年にアテネで開催された。（直接受身）
例2　「65歳以上の人口が14％以上の社会は高齢社会だ」と言われている。
　　　（引用を表す受身）

●留意点

ウォームアップ　どのような場合に受身文が選ばれる（使われる）かは、話し手の視点によって異なることを確認する。

第21課　〜(ら)れる（受身）

〜(ら)れる（受身）1　　　　　　　　　　　　　　　→p.132

I．導入
文法説明

「ほかの人の動作（できごと）を受ける側」からものごとを表すときの文の形は、「N（受ける側）<u>が</u>V–られる」である。

「語彙」「文脈」および「構文（間接受身、使役受身）」によって迷惑の意味が生じることがある。

例1　（わたしは）妹に勉強の<u>じゃま</u>をされた。（語彙）
例2　運転手は客に<u>文句</u>を言われた。（語彙）
　　　cf. 運転手は客に<u>お礼</u>を言われた。
例3　急いでいるときに道を聞かれた。それで遅刻してしまった。（文脈）
　　　cf. 人に道を聞かれたので地図をかいて教えてあげた。
例4　店長が店員に休まれた。（間接受身）
例5　会議で司会をさせられた。（使役受身）

II．形の練習
1. 構造を確認するため、格助詞だけの文を提示した。
　例2は動作主を言う必要のない場合である。
　4)、5)、6) は、いわゆる所有の受身。「受ける側」が人であるので「人が〜をV–られる」になる。「わたしの足<u>が</u>蚊に刺された」などの逸脱文が出やすいので注意する。
2. は使役受身。「だれがする動作か」を確認しながら進める。

III．使い方の練習
3. 視点を統一して複文を作るのはこのレベルの学習者の課題である。ここでは、受身を適切に使って複文を作る練習をする。

IV．発展練習
どちらも「ほかの人の動作を受ける側」からの表現である。受身と授受の意味の違いを確認する。

〜(ら)れる（受身）2　　　　　　　　　　　　　　　→p.138

I．導入
文法説明

受ける側が「人以外」（即ち感情を持たないもの）なので、迷惑の意味は出ない。

II．形の練習
2. 受身の構造を確認しながら文を産出する練習。

Ⅳ. 発展練習

意見述べの談話の型を示した。自由に意見を発表してもらうと、話題が広がる。

> p. 141 の下

動作の受け手が「人」か「もの」か、そのどちらに視点を置いた文か、によって表す意味が違うことを確認する。

〈調査結果〉
・新聞でのいわゆる「物受身（ものがV-られる）」と「人受身（人がV-られる）」の比率は、ほぼ4：1であった。家庭欄に限ってみると、その比率は3：2になる。
・音声言語のうち、ニュースなど情報番組では「物受身」が80％近くを占め、ドラマ、対談では90％以上が「人受身」であった。

〈参考文献〉
益岡隆志（1987）『命題の文法』くろしお出版
寺村秀夫（1982）『日本語のシンタクスと意味Ⅰ』くろしお出版
柴谷方良（1978）『日本語の分析』大修館書店
高橋太郎（1985）「現代日本語のヴォイスについて」『日本語学』30　明治書院
奥津敬一郎（1992）「日本語の受身文と視点」『日本語学』120　明治書院

第22課　〜ても

→「わかって使える日本語」p. 142

●この課のポイント

　この課では「〜ても」の使い方を次のように分けている。

〜ても　1：

　「S₁ても、S₂」は、「S₁の場合も、S₂が成立する」ことを表す。S₁以外の場合もS₂が成立するという含みがある。ここでは「S₂がS₁から通常予想されることと違う」という場合を扱う。

　　　例1　雨が降っても、出かけようと思う。（「雨が降らない場合は当然として、雨が降る場合も出かける」という含みがある。）
　　　例2　雨が降っても、出かけました。

　S₁は事実でも事実でなくてもよい。S₂が非過去の場合は意志を表す表現をよく使う。
　例2のように、S₂には、過去の事実も現れる。

〜ても　2：

　S₁が「疑問語＋ても」の場合。S₁から想定される状況に関係なくS₂の結果になる、ということを表す。現在、過去の事実を述べる文でよく使われる傾向があるが、事実でない文（仮定）で使われると強い意志が表れる。

　「のに」との違いは、「のに」が事実しか表せないのに対して、「〜ても」は事実でないこと（仮定）も表現可能である。また、「のに」ではS₂で意志表現ができないのに対して、「〜ても」ではS₂で意志が表現できる。

　　　例1　多少遅れても、明日の会議には必ず出席してもらいたい。（○）
　　　例2　多少遅れるのに、明日の会議には必ず出席してもらいたい。（×）

●留意点

ウォームアップ　「〜ても」が「仮定の文」でも「事実を表す文」でも使えることを確認する。

■〜ても　1　　　　　　　　　　　　　　　　　　　　　　→p.142

Ⅲ. 使い方の練習

2. 文脈の中で「たら」と「〜ても」の使い分けを学習する。

～ても 2 →p.145

II. 形の練習
学習者が文を作るとき適切な疑問語が使えるように練習する。
1. 「疑問語＋ても」の文を産出する過程を示し、どんな場面で、どんな疑問語を使えばいいかを提示した。

IV. 総合練習
「～ても1・2」を使って文を産出する。

V. 読んでみましょう
「～ても」のほかに、既出の表現（受身、ために、こ・そ・あ、など）が多く使われているので、それらの用法を確認することができる。最後の文は、仮定の意味を表す「～ても」を用いて決意を表明している。

〈調査結果〉
・「事実でない用法（仮定）」と「事実の用法（確定）」の割合はほぼ同じであった。音声言語では同率、活字では確定用法のほうが多く使われる傾向が見られた。
・「確定用法」は、意見を主張したり、憤慨したりする主観的表現の中での使用が目立った。（例　今さら何を言っても、無駄だ。）

〈参考文献〉
庵功雄他（2000）『初級を教える人のための日本語文法ハンドブック』スリーエーネットワーク
庵功雄他（2001）『中上級を教える人のための日本語文法ハンドブック』スリーエーネットワーク
益岡隆志編（1993）『日本語の条件表現』くろしお出版
蓮沼昭子他（2001）『日本語文法セルフマスターシリーズ7　条件表現』くろしお出版

第23課　ことになる・ことにする

→「わかって使える日本語」p.148

●この課のポイント

　この課では「ことになる・ことにする」を自動詞・他動詞の「なる・する」から派生した用法と捉えて次のように提示している。

　「ことになる」は決定の結果（決まる）を、「ことにする」は主語の意志による決定（決める）を表す。運用の場面では次のような形と意味で使われることが多いので、文末のテンスを含めた表現形式を提示した。

ことにした：
　人（主語）の意志で決めたことを伝える。主語が自分の行為を述べることが多く、決定するまでに迷いがあったり時間がかかったりした場合に使う。

ことになった：
　決まった内容を伝える。決めた人が不明、決めた人を言わない・言いたくない場合などに使う。

　　例1　今度引っ越すことになりました。（話し手の行為。主語は言わないことが多い。）
　　例2　田中さんは今度引っ越すことになりました。（第三者である田中さんの行為。）

ことになっている：
　決定済みのことがらである規則や予定を述べるときの表現。

●留意点

I. 導入

　「Nにする」の意味するところは「Nに決める」であり、「Nになる」の意味するところは「Nに決まる」である。「ことにする」「ことになる」の表現が「する」「なる」という「決定の意味」から派生した表現であることを伝える。

II. 使い方の練習

1. 1) 決定までにいろいろな経緯があったことを「いろいろ迷ったんですが」という文言で示した。

III. 発展練習

1. 1) 予定を述べる言い方。学習者が_____部を自由に作った場合、「約束があることに

なっている」のような逸脱文が出る。＿＿＿＿には（約束で）決まった内容が来ることに気づかせる。

2）婉曲に規則を伝える場面。

p.150の下

意志による決定を表すときにも、改まった場面で報告するときなどは「ことになった」がよく使われる。

　　　例　わたしたち、今度結婚することになりました。

〈参考文献〉

寺村秀夫（1992）『寺村秀夫論文集Ⅱ』くろしお出版

中島文雄（1987）『日本語の構造―英語との対比―』岩波書店

森田良行（1980）『基礎日本語2』角川書店

寺村秀夫（1982）『日本語のシンタクスと意味Ⅰ』くろしお出版

筑波ランゲージグループ（1992）"Situational Functional Japanese vol.3" 凡人社

第24課　うちに

→「わかって使える日本語」p. 151

●この課のポイント

「うちに」は話し手の注目している状態が変化せずに継続している期間を表す。単に変化の前か後かを述べるのではなく、話し手の視点が変化の前の状態にあるのが特徴である。

この課では「S_1うちに、S_2」を次のように分けている。

うちに　1：
「S_1うちに、S_2」において、S_1の状態が変化すると（S_1の状態でなくなると）S_2ができなくなる、という場面を取り上げる。
「～うちに」は、「状態に変化が起きる時点」を基準にして変化する前の状態を示すので、「V（変化動詞）*−ない＋うちに」がよく使われる。
ほかに「名詞、形容詞、状態動詞、V−ている」も使える。

うちに　2：
「S_1うちに、S_2」において、S_1の行為が継続するのに並行してS_2が変化する、という場面を扱う。
典型的には、S_1は行為の継続状態を表す「V−ている」の形をとり、S_2の動詞には変化を表す形式（「～てくる」「～ようになる」など）が接続しやすい。S_2は「だんだん」「少しずつ」などの副詞と共起しやすい。
ここでは、S_1を「V−ている」に限るが、実際には「V−ていく」なども使える。
　　例　調査を進め<u>ていく</u>うちに、真相が見えてきた。

●留意点

うちに　1　　　　　　　　　　　　　　　　　　　　　→p.151

I．導入

文法説明

「S_1の状態が変化した後では、S_2をする（S_2が起きる）のに都合がよくない」ことを図

---

* ここでの「変化動詞」は、「なる、冷める、忘れる」などのほか、「降り出す、売り切れる、寝る」など広く「事態の出現・消失を表す語」も含む。

示した。図の中の変化は「暗くなること」で、変化の起きる前のS_1の状態を「暗くならないうちに」で表す。話し手は変化の前の「明るい状態」に視点を置いている。

III. 使い方の練習
S_2で共起しやすい表現に「V-ておく」がある。

> **p. 153の下**

「S_1の状態が変化する前に、何かが起きる」用法。紹介にとどめる。

うちに 2　　　　　　　　　　　　　　　　　　　　　　→p.154

II. 形の練習　III. 使い方の練習
これまでに学んだ変化の表現を使って文を作る練習。

VI. 読んでみましょう
刻々と移り変わる光景を描写した文章で、より高いレベルを目指す学習者の文作りのヒントにもなる。

〈調査結果〉
・「うちに2」（行為の継続に並行して起きる変化）の用法が過半数を占めた。

〈参考文献〉
グループ・ジャマシイ編著（1998）『教師と学習者のための日本語文型辞典』くろしお出版

第25課　ように言う

→「わかって使える日本語」p. 157

●この課のポイント

この課では次のように分けている。

ように言う：
　指示の内容を間接的に伝える。文脈の中で的確に使えるように練習する。
　・ほかの人への指示を第三者にことづける場面
　　例　田中さんにも、報告書を早く出すように言ってください。
　・指示された内容を伝えながらそのことを実行する場面
　　例　先生に講師室に来るように言われたんですが…。

ように頼む：
　依頼の内容を間接的に伝える。「～てくれるように頼む」の形に絞って提示している。依頼する相手は、目上の人ではなく、同僚、友人、家族などに限定した。

●留意点

ウォームアップ　「取ってきてくださいと言われたので」でも意味は伝わるが、指示を実行する場面では「ように」を用いて内容だけを間接的に伝える表現のほうが適切である。

ように言う　→p.157

Ⅱ. 形の練習
　指示の内容が、命令形を含めたさまざまな表現形式で示されている。それを理解して、間接的に伝える練習をする。

Ⅲ. 使い方の練習
1. 2) では、指示されたことを伝えて、実行するという状況を捉えて練習する。

ように頼む   →p.160

p.161の下

目上の人への依頼の内容を間接的に伝える場合、「～てくれるように頼む」ではなくほかの表現を選択することが多い。その例を紹介したが、理解にとどめる。

第26課　敬語

→「わかって使える日本語」p. 162

●この課のポイント

　敬語は、ほかの人（聞き手や話題の人で、目上の人、親しくない人）に対して敬意を表す表現である。

　この課では敬語を次のように分けている。
尊敬語－おＶになる・特別な形－：
　聞き手や話題の人（目上の人や親しくない人）を主語として、その動作や状態を言うときに使う。動詞、形容詞、名詞の尊敬表現と使い方を提示する。
尊敬語－～（ら）れる－：
　受身動詞と同じ形の、尊敬語のもう1つの形式。
ていねい語・謙譲語：
　話し手（または話し手側の人）を主語として、その動作や状態を言うときに使う。「ていねい語」と「謙譲語」の違いは、次のようである。
- ていねい語：聞き手に対する敬意表現。
「丁寧形」と「特別な形」の2つの表現形式がある。
- 謙譲語：動作の受け手に対する敬意表現。ここでは、話し手の動作を中心として扱い、その範囲で「謙譲」という用語を用いている。
「おＶする」と「特別な形」の2つの形式がある。

●留意点

（ウォームアップ）　この課で扱う敬語を紹介。

尊敬語－おＶになる・特別な形－　　　　　　　　　　→p.163

Ⅰ．導入
文法説明
　「特別な形」の「おいでになる」は扱っていない。
　「V-てくる・いく」は「V-ている」と同様「V-ていらっしゃる」になる。
　「名詞」は必要があれば「こちら、あの方、お子さん…」などの表現を確認しておく。

ただし、「お・ご」を使いすぎると逸脱を誘発するので、提示する名詞を限定したほうがよい。

Ⅱ. 形の練習
1. 1) で形を確認した後、2) で場面を設定し練習する。
2. 2) 丁寧に指示を出したり相手に勧めるときなど、日常場面でよく使う表現。

尊敬語─〜(ら)れる─　　　　　　　　　　　　　　　→p.168

Ⅰ. 導入

文法説明

「おVになる・特別な形」と「〜(ら)れる」の違いについては、地域差があり一概には言えないが、前者は個人的な場面で多く使用され、敬度が高いと感じられる傾向がある。指導の際には地域性を考慮する必要がある。

Ⅲ. 総合練習

語彙によっては3つの尊敬表現の形式を持つ。それらの使い分け、あるいはいずれも使用可能の場合など、変化に富んだ運用に結びつく練習をする。「特別な形」のある動詞は「特別な形」に、語頭に「お」のつく動詞（思う、落ち着く、驚くなど）は「〜(ら)れる」が選ばれる。

ていねい語・謙譲語　　　　　　　　　　　　　　　→p.170

Ⅰ. 導入

文法説明

「1. ていねい語」は、「ほかの人に関係しない自分の動作」を聞き手に対して丁寧に話すとき使う。（「ほかの人」＝目上の人、親しくない人）
聞き手に対する表現なので、「特別な形」をとる場合も「普通形」にするには無理があることが多い。
　　　例1　戻ってまいるのは来週になります。（？）
　　　例2　明日は1日中家におるので、いつでもお寄りください。（？）
ここでは基本形に対応する形式を丁寧形で示した。
「2. 謙譲語」は、「ほかの人に関係する自分の動作」を述べるとき使う。（「ほかの人」＝目上の人、親しくない人）
「うかがう」は、「行く」意味で使われることが多いので「（行く）→うかがう」と提示した。「うかがう（訪問する）」は「場所を訪問する」であって、「人を訪問する」ではない。
　　　例　先生をうかがいたいと思います。（×）　　（→先生のところに…（○））

II. 形の練習
1. 自分の動作・状態について述べる、文単位の練習。ただし、文脈の中ではすべての文を敬語に変えるわけではない。

   6）～8）「丁寧形」が「ていねい語」の表現形式であることに注意。このレベルでは、「丁寧形」が敬意表現であることを理解した上で運用できることを目指す。実際の運用場面では、「特別な形」があっても「丁寧形」で敬意を表すことができる。

V. 総合練習
2）「話し手（受付）のグループの人」を主語にした場合。

   例　ファン：井上さんはいらっしゃいますか。
     受付：<u>井上</u>はただいま席を外しております。

※この課では、次のことは扱っていない。
- 「ていねい語」の特別な形をとる動詞が「謙譲語」のような使われ方をすることもあるが、ここでは扱わない。
   例1　明日、お宅にまいります。
   例2　お礼を申します。
- 「謙譲語」の特別な形をとる動詞が「ていねい語」のような使われ方をすることもあるが、この課では取り上げていない。
   例　朝食にはいつも和食をいただきます。

〈調査結果〉
- 尊敬語のうち「特別な形」の使用頻度が非常に高い。「特別な形」のある動詞に関しては「～（ら）れる」の使用は少ない。（「召し上がる」、「いらっしゃる」「ご存じだ」など）しかし、「～（ら）れる」形による敬語表現は、性別、年齢を問わず多く使用されている。
- 個人による敬語の使い方は固定していて、相手によって使い分ける現象は見られない。（例　テレビ番組の「徹子の部屋」では「おVになる」）
- 文中の敬語化される可能性のある語がすべて敬語になるわけではない。
   例1　「なんだかんだ<u>言って</u>よく通天閣を<u>書かれます</u>ね」
   例2　「これを<u>読み</u>ながら<u>お休みになる</u>んですか」
   指導の際にも機械的にならないよう、注意が必要である。

〈参考文献〉
菊地康人（1994）『敬語』角川書店
庵功雄他（2000）『初級を教える人のための日本語文法ハンドブック』スリーエーネットワーク
Osamu Mizutani & Nobuko Mizutani (1987) "How to be polite in Japanese" The Japan Times Ltd.

国立国語研究所編（1990）『日本語教育指導参考書17　敬語教育の基本問題（上）』財務省印刷局
南不二男（1987）『敬語』岩波書店

第27課　わけだ

→「わかって使える日本語」p. 174

●この課のポイント

　形式名詞「わけ」は「ある事態がある結果に至るのは論理的に当然である」という基本的意味を持つ。

　この課では「わけだ」を文末表現形式によって次のように分けている。
わけだ：
「S_1、S_2わけだ」は、「原因・理由（S_1）」と「結果（S_2）」の関係であるが、ここでは結果の理由を納得した場合の「〜わけだ」を中心に取り上げる。S_1は言語化しないことが多く「S_2わけだ」の形をよく使う。
わけじゃ／では ない：
「成り行きから当然そうなると思われること（聞き手がそのように推論すること）」を「必ずしも正しくない、全くその通りというのではない（部分否定）」と否定する言い方。文脈から聞き手が推論することについて、「（100％その通りではない）部分的にそうでないことがある」と、否定するが認める気持ちもあるときに使う。
　　例1　（「どこか具合が悪いんですか」と聞かれて）
　　　　　具合が悪いわけではないんですが、ちょっと疲れ気味で…。
　　　　　（×具合は悪くありません。）
　　例2　（「ゆうべは徹夜でしたか」と聞かれて）
　　　　　徹夜したわけじゃないんですが、寝不足で。
　　　　　（×徹夜しませんでした。）
「全部、いつも、必ず…」「別に」などの副詞と共起しやすい。
わけにはいかない：
「成り行きからそうする・そうしたいと思われる行為」を、事情があってすることができないときに使う。物理的に実行することは可能であるが、社会的判断、精神的理由が働いて実行できない場合を表す。

●留意点

ウォームアップ　　疑問（テレビがつかない。なぜ？）に対して、そうなった原因がわかり納得したときの表現を示して、動機づけとする。

第27課　わけだ

わけだ　→p.174

I．導入
文法説明

「S₂（普通形）わけだ」（例外　なAdj-なわけだ、N-なわけだ）の形を提示した。ここでは扱っていないが、「わけだ」の前に「という／って」を挿入して「S₂（普通形）という／って わけだ」も多く使われる。

　　例1　それで、予定を変えたというわけだ。
　　例2　だから、朝から晩まで忙しいってわけだ。

名詞、な形容詞の場合、「暇ってわけだ」のように直接「という／って」をつけて使われる傾向がある。ただし、「という／って」を挿入した形が常に適切であるとは限らないので、取り上げる際には学習者のレベルによって考慮する。

II．使い方の練習
2．「S₁の成り行きから、当然S₂の結果になる」ことを論理的に解説、説明する場面で、S₁を言語化して「S₁、S₂わけだ」の形を使う例。

わけ じゃ／では ない　→p.176

I．導入
文法説明

「S₂（普通形）わけじゃない」の形だが、名詞が来る場合に限って「Nというわけじゃない」の形を提示した。名詞以外の場合にも「という」が挿入できるが、ここでは提示していない。

　　例1　嫌だというわけじゃないけど。
　　例2　別に、寒いというわけじゃない。

III．使い方の練習
2．副詞表現だが、名詞と同様に「～というわけじゃない」の形が日常場面で使われるので、練習に取り上げた。

わけにはいかない　→p.178

I．導入
文法説明

「V-（ない）わけにはいかない」を使う場面は、「V-たくない（V-たい）気持ち」があるときである。

Ⅲ. 総合練習
「わけ」の3つの表現形式を使い分ける練習。

〈参考文献〉

寺村秀夫(1984)『日本語のシンタクスと意味Ⅱ』くろしお出版

益岡隆志・田窪行則(1992)『基礎日本語文法―改訂版―』くろしお出版

益岡隆志(1991)『モダリティの文法』くろしお出版

庵功雄他(2002)『中上級を教える人のための日本語文法ハンドブック』スリーエーネットワーク

グループ・ジャマシイ編著(1998)『教師と学習者のための日本語文型辞典』くろしお出版

執筆
　　安藤　節子
　　宮川　光恵

執筆協力
　　原田三千代

表紙デザイン
　　片岡　理

わかって使える日本語
指導のポイント

2004年8月20日　初版第1刷発行
2006年8月10日　第2刷発行

著　者　　名古屋YWCA　教材作成グループ
発行者　　髙井道博
発　行　　株式会社　スリーエーネットワーク
　　　　　〒101-0064　東京都千代田区猿楽町 2-6-3（松栄ビル）
　　　　　電話　営業　03（3292）5751
　　　　　　　　編集　03（3292）6521
　　　　　http://www.3anet.co.jp
印　刷　　株式会社シナノ

不許複製
落丁・乱丁本はお取替えいたします。

ISBN4-88319-303-9 C0081

❖ 初級文法を短期間できっちり復習

短期集中 初級日本語文法総まとめ ポイント20　　1,470円

❖ 初級から中級へのかけはし

中級へ行こう ―日本語の文型と表現59―　　2,310円

❖『日本語初中級―理解から発話へ―』をリニューアルした教材

わかって使える日本語　2,100円　　わかって使える日本語 練習問題　1,050円
わかって使える日本語 指導のポイント　1,050円

❖ 場面を中心とした会話テキスト

新日本語の中級
本冊	2,835円	教師用指導書	2,100円
分冊英語訳（改訂版）	1,785円	文法解説書英語版	1,680円
分冊中国語訳（改訂版）	1,785円	文法解説書中国語版	1,680円
分冊韓国語訳（改訂版）	1,785円	文法解説書韓国語版	1,680円
分冊ベトナム語訳	1,785円	文法解説書ベトナム語版	1,680円
分冊タイ語訳	1,785円	文法解説書タイ語版	1,680円
分冊インドネシア語訳	1,785円	文法解説書インドネシア語版	1,680円
CD	4,305円	会話場面・語彙イラストシート	1,890円
会話DVD	9,450円	会話ビデオ	8,400円

❖ 中級からの読み物教材

[新訂版] 日本を知る ―その暮らし365日―　　2,310円

❖ 初級終了後の読解を柱にした運用力養成教材

日本語中級 J301 ―基礎から中級へ―
英語版	2,447円	教師用マニュアル	3,466円
中国語版	2,447円	CD	3,059円
韓国語版	2,447円		

❖ 中級後半の学習に最適

日本語中級 J501 ―中級から上級へ―
英語版（改訂版）	2,940円	教師用マニュアル	2,940円
中国語版	2,940円	CD	3,570円
韓国語版	2,940円		

❖ 運用力を伸ばすならこの教材

トピックによる日本語総合演習 ―テーマ探しから発表へ―
中級前期	1,575円	上級	1,575円
中級後期	1,575円	上級用資料集【第2版】	2,100円

※価格は税込です

ホームページで新刊や日本語セミナーをご案内しております。http://www.3anet.co.jp

スリーエーネットワーク